**Paul Nucleus**
# Wider den anthropischen Exzeptionalismus

AF178184

Paul Nucleus

# WIDER DEN ANTHROPISCHEN EXZEPTIONALISMUS

Bibliografische Information der Deutschen Nationalbibliothek:
Die Deutsche Nationalbibliothek verzeichnet diese Publikation
in der Deutschen Nationalbibliografie; detaillierte bibliografische Daten sind im Internet über http://dnb.dnb.de abrufbar.

Verlag: BoD · Books on Demand GmbH, In de Tarpen 42,
22848 Norderstedt

Druck: Libri Plureos GmbH, Friedensallee 273, 22763 Hamburg

ISBN: 978-3-7597-6141-5

# Inhaltsverzeichnis

# Vorwort

Das hier dokumentierte Manifest „Wider den anthropischen Exzeptionalismus" besteht aus drei Teilen, die einzeln bereits durch eine Erstveröffentlichung zugänglich sind.

Am 7. März 2019 erschien bei Telepolis der 1. Teil „Manifest für das Überleben der Spezies homo sapiens" (https://heise.de/-4327615) und am 24. August 2020 der 2. Teil „Die Perspektive der Biosphäre – Status und Update 2020" (https://heise.de/-4873000). Darin informierte ich über die Verpflichtung der Wirbeltier-Spezies *homo sapiens*, bis zum Jahre 2060 um 60% zu schrumpfen.

Der 3. Teil „Endgame" (https://overton-magazin.de/topstory/wider-den-anthropischen-exzeptionalismus-endgame/) wurde am 25. Mai 2024 im Overton-Magazin erstmalig veröffentlicht.

Anlass für dieses Manifest war die Erkenntnis, daß der Populationsbestand (wildlebender) Wirbeltiere in den zurückliegenden Jahren stark geschrumpft ist, die verursachende Wirbeltier-Spezies *homo sapiens* sich aber gleichwohl weigert, an der verordneten Schrumpfung teilzunehmen – *anthropischer Exzeptionalismus* halt: die von *uns* geschaffenen Regeln gelten *für alle*, aber natürlich nicht für uns selbst, denn wir sind ja etwas Besonderes: die Krone der Schöpfung (*corona creationis*).

Aus Sicht der Biosphäre gelten ihre Regeln und Gesetze aber für alle Teilnehmer an der Sphäre des Lebendigen gleichermaßen ohne Ausnahme. Wenn sich darüber hinaus eine Spezies verbotenerweise erdreistet, Regeln für andere Spezies aufzustellen, dann ist sie diesen Regeln auch selbst unterworfen.

Die Spezies *homo sapiens* musste also hinsichtlich der Schrumpfung gleichgestellt werden.

Unberücksichtigt bleibt dabei zunächst einmal, daß es ohnehin eine Obergrenze für den Populationsbestand von *homo sapiens* auf diesem Planeten gibt. Jetzt dürfen Sie raten – die wird von dieser Spezies sowieso ignoriert.

Warnung – dieses Buch ist toxisch.

Sehr geehrte Leser, wenn Sie dieses Buch lesen, nimmt möglicherweise „Ihr" Mikrobiom (das nicht Ihnen gehört, sondern eine weisungsgebundene Leihgabe der Biosphäre ist) aufgrund der von ihm bereits über Sie gesammelten Daten in diesem Moment zur Kenntnis, daß Sie jener Bevölkerungsgruppe angehören, der das Privileg des vorzeitigen Aussterbens gewährt wird, initialisiert den Vorgang automatisch (nicht unbedingt sofort), und lauert dann auf das „Startereignis" – das übrigens von keinen Dritten, sondern nur von Ihnen selbst generiert werden kann.

Mehr über dieses Startereignis erfahren Sie in diesem Buch.

Paul Nucleus

# Wider den anthropischen Exzeptionalismus – Manifest für das Überleben der Spezies *homo sapiens*

**Prolog**: Gegenwärtig prüft die Biosphäre, ob sie die Spezies *homo sapiens* aus dem Rennen nimmt, und wenn ja, wann und auf welche Weise. Im Zuge dieser Überprüfung hat sich die Idee herauskristallisiert, der Menschheit eine Art von „Mitbestimmung" über ihr Schicksal einzuräumen: in Form eines Paktes für das Überleben.

Bisher sah sich die Biosphäre uneingeschränkt dem *Prinzip der Nicht-Intervention* verpflichtet. Auch in Zukunft wird sie davon Abstand nehmen, sich in die *ausschließlich* inneren Angelegenheiten einer Spezies einzumischen. Was die Spezies Mensch betrifft, so unterstützt die Biosphäre weder das Selbstbild des zeitgenössischen Menschen (*anthropischer Exzeptionalismus*), noch interessiert sie sich für die Erhaltung oder Durchsetzung von Menschenrechten, Demokratie, Rechtsstaatlichkeit, Selbstbestimmung usw. – auch dann nicht, wenn diese Prinzipien von Menschen dazu mißbraucht werden, Ziele wie partielle Selbstausrottung durch Kriege, Sklavenhaltung, Kolonialismus und ähnlichen Verhaltens-Müll zu verfolgen oder gesundzubeten.

Ein zahlenmäßiges Wachstum der Menschheit in Maßen und unter Beachtung der Rechte anderer Spezies wurde seit mehreren tausend Jahren toleriert (anfänglich sogar empfohlen – siehe eigenständiges Addendum zum Manifest für das Überleben der Spezies *homo sapiens*: Wieviele Menschen auf der

Erde?). Interaktionen zwischen den Spezies z.B. im Rahmen einer Nahrungskette wurden und werden ebenfalls toleriert.

Mit der Bevölkerungsexplosion des *homo sapiens auf Kosten anderer Spezies* ist allerdings eine „rote Linie" überschritten, was die Biosphäre nunmehr zu einem Paradigmenwechsel und zur Intervention verpflichtet: ab sofort wird für die „Killerspezies" Mensch die Option **Wachstum** (präziser: Mehrung = quantitatives Wachstum) aus dem Verkehr gezogen, diese Option ist mit sofortiger Wirkung in jeder Hinsicht (auch argumentativ) nicht mehr verfügbar. Es bleiben nur noch die Optionen **Schrumpfung** und **Aussterben** übrig.

Die zeitlichen und räumlichen Randbedingungen dieser Intervention und ihre Anforderungen an das Verhalten der Menschheit werden im folgenden beschrieben. Sie bilden die Grundlage für das Angebot eines Paktes für das Überleben der Spezies *homo sapiens*.

**Phase 1**: Projektion der Vergangenheit auf die Zukunft
Gemäß WWF Living Planet Report 2018 des World Wildlife Fund hat die Menschheit in den zurückliegenden 44 Jahren von 1970 bis 2014 etwa 60% der Wirbeltier-Populationsgröße vernichtet (aktueller Wert des Living Planet Index). Da die Menschen zweifelsfrei Wirbeltiere (Vertebrata) sind, wird der Index nun angewandt auf die Wirbeltier-Spezies *homo sapiens*.

Die guten Nachrichten zuerst: die Biosphäre hat sich zunächst dagegen entschieden, in der Zielvorgabe für die menschliche Bevölkerungsentwicklung die aktuelle Dezimierung *weiterer Spezies* der Flora und Fauna zu berücksichtigen (Stichworte: Insektensterben, Abholzung des tropischen Regenwaldes, usw.). Weiterhin hat sich die Biosphäre gegen eine sofortige Vollstreckung von Maßnahmen entschieden, die einer *rückwirkenden Gleichbehandlung* der Wirbeltiere entsprechen würden. Zum Vergleich: dies würde für die Menschheit eine Verringerung der Population von ca. 3,6 Milliarden (Stand 1970) auf ca. 2,2 Milliarden (2014) implizieren – tatsächlich hat eine Vermehrung auf ca. 7,3 Milliarden (2014) stattgefunden.

Stattdessen räumt die Biosphäre eine als **Phase 1** bezeichnete „Gnadenfrist" ein: die zahlenmäßige Verringerung um 60% definiert das „Wachstumsziel" der Menschheit für die sich an den Zeitraum 1970 – 2014 anschließenden 44 Jahre bis zum Ende des Jahres 2058. Als **Stichtag** für den Beginn der Phase 1 wird allerdings **rückwirkend** der 1. Januar 2015 festgelegt. Darüber hinaus wird der zeitliche Rahmen um ein Bonus-Jahr bis zum 31. Dezember 2059 aufgestockt. Mit 2% pro Jahr „negativem" Wachstum ist die Menschheit dann auf der sicheren Seite.

Mit der zeitlichen Streckung der Vollstreckung bietet sich für die Menschheit die Chance, ihre inneren Angelegenheiten in Ordnung zu bringen. Dazu wird – selbstverständlich unverbindlich – empfohlen, sich davon zu emanzipieren, ein paar global aktive Kleptokraten über die gegenwärtigen und zukünftigen Lebensverhältnisse entscheiden zu lassen. Spätestens seit der Französischen Revolution 1789 sind alle Methoden bekannt, wie man sich vom Joch des Feudalismus befreien kann. Diese sind auch auf den Neo-Feudalismus übertragbar, der sich als Neo-Liberalismus verkauft. Für die Angehörigen dieser selbsternannten „Elite" empfiehlt die Biosphäre (unverbindlich) eine Reduktion der Anzahl um deutlich mehr als 60%.

**Phase 1**: Organisatorische Randbedingungen

Der eigentliche Adressat für den Überlebenspakt ist die weltweite Population der Spezies *homo sapiens*. Da die Menschheit aktuell in Staaten organisiert ist, werden die „Wachstums"-Vorgaben für die Phase 1 auf Staaten bezogen. Zum Stichtag 1. Januar 2015 definiert somit jeder Staat mit seiner Bevölkerung eine *fiktive Sub-Spezies*, die den Vorgaben der Biosphäre unterworfen ist. Durch Separation oder Zusammenschluss entstandene „neue" Staaten erben von ihren Vorgängern.

Staaten, deren Bevölkerungen in allen letzten 5 Jahren vor dem Stichtag 1. Januar 2015 nicht gewachsen sind, wird zugestanden, daß sie für ihre Start-Bevölkerungszahlen den Stand vom 1. Januar 2010 als Bezug wählen dürfen.

Unabhängig von der Staatsform werden Staaten durch ihre Staatsoberhäupter repräsentiert. Im Zweifelsfall bestimmt die Biosphäre das Staatsoberhaupt.


**Phase 1**: Ergänzende Hinweise

Einem Wirtschaftswachstum pro Kopf der (schrumpfenden) Bevölkerung bei gleichzeitig nicht wachsendem Ressourcenverbrauch und nicht wachsender Müllproduktion (beides pro Kopf der Bevölkerung) steht prinzipiell nichts im Weg. Dies betrifft in erster Linie Länder der „Dritten Welt."

Die Bekämpfung oder Eindämmung von mittelbaren und unmittelbaren Folgen der Bevölkerungsexplosion ist nicht mehr vorrangig: die Menschheit sollte daher weniger Zeit verschwenden für die Lösung von Folgeproblemen wie z.B. Ressourcenverbrauch, menschengemachter Anteil am Klimawandel, Müllproduktion – getreu dem Motto: **first things first**.

**Phase 1**: Ausblick

An Phase 1 wird sich eine **Phase 2** anschließen, bei der die individuell von den einzelnen Staaten in Phase 1 erreichten Erfolge Berücksichtigung finden.

Darüber hinaus behält sich die Biosphäre jederzeit – auch schon in Phase 1 – vor, an Einzelpersonen und an Angehörige von Institutionen *„Bonuspunkte" für privilegiertes Aussterben* zu vergeben für bestimmte Haltungen, Einstellungen und Aktionen. Darunter fallen z.B. evolutionsfeindliche bzw. evolutionsverachtende Ziele und Deklarationen, Evolutions- bzw. Biosphären-Schändung durch Außerkraftsetzung von fundamentalen Prinzipien und Eigenschaften des Lebens auf diesem Planeten (wie z.B. ökologische Nischen, Selbstorganisation, Anpassung, Interaktion, Artenvielfalt), die öffentliche Verklärung von exzessivem und unbeschränktem Wachstum und die Diffamierung von Maßnahmen zur Wachstumskontrolle.

Es wird empfohlen, diesen Themenbereichen in der Öffentlichkeit größere Aufmerksamkeit zu widmen und sie zum Gegenstand einer weltweiten Bildungsoffensive zu machen. Die Grundregel „Unwissenheit schützt vor Strafe nicht" gilt in Strenge.

Dieser Pakt für das Überleben der Spezies *homo sapiens* wird im folgenden auch kurz als **AGENDA 2060** verschlagwortet.

Der Tag des 1. Jüngsten Gerichts (eine religiöse Metapher aus dem apokalyptischen Christentum) der Biosphäre ist somit der 1. Januar 2060. An diesem Tag wird über die Durchführung der Phase 2 entschieden.

Die Menschheit sollte diesen Pakt als Chance begreifen. Nichts ist bekanntlich alternativlos – hier ist die Alternative die vollständige Elimination einer Spezies aus der Evolution des Lebendigen. Durch die Kenntnisnahme des Pakt-Angebotes gibt es für die Menschheit jetzt eine Wahlmöglichkeit mehr: sie muß nicht mehr *blind* aussterben, sondern darf es jetzt *sehenden Auges* tun, wenn sie sich durch Ignorieren oder Nichterfüllung der Agenda 2060 dafür entscheidet.

**Epilog**: an die Staaten dieses Planeten adressiert
Durch Ihren Beitritt zum Pakt gehen Sie eine freiwillige, gleichwohl verbindliche Selbstverpflichtung ein. Sie verpflichten sich, am Überlebensangebot der Biosphäre für die Menschheit teilzunehmen, und Ihre Maßnahmen und deren Ergebnisse jährlich zum Jahresende in einem Bericht zu dokumentieren.

Vielen Staaten wird es nicht gleich gelingen, in der Anfangsphase der AGENDA 2060 die Zielvorgabe mit 2%-Zwischenzielen pro Jahr zu erfüllen. Bei wiederholtem Verfehlen dieses Kriteriums ist die Biosphäre berechtigt, vorzeitig weitere Maßnahmen zu ergreifen. Bis zum 1. Januar 2025 wird die Biosphäre allerdings von Sanktionen absehen, sofern mindestens ein 0%-Wachstum erreicht wird.

Bedenken Sie – *der Pakt wird auch dann für Sie wirksam, wenn Sie ihm nicht beitreten.*

Solche nicht kooperativen Staaten müssen allerdings damit rechnen, daß ihnen künftig die Wirtschaftsleistung der Biosphäre – die im übrigen derzeit weitgehend ineffizient, d.h. durch Raubbau genutzt wird – anteilig als Kosten in Rechnung gestellt wird und nicht beglichene Schulden gegenüber vermögenden Staatsangehörigen weltweit eingefordert werden nach der Merkregel: „Vermögende Bürger haften für ihre Staaten" – so ist z.B. eine Ressourcennutzungs-Abgabe in

Höhe von 70% des Vermögens bzw. der Einkünfte denkbar. Auch hier gelten wieder die Staatsangehörigkeiten am Stichtag 1. Januar 2015, spätere Änderungen bleiben unberücksichtigt.

Speziell für den Adressaten Deutschland bietet sich im Rahmen dieses Projektes die Chance, sich aus dem Sumpf einer vergangenheitsorientierten, selbstbeweihräuchernden Selbstbeweinung zu verabschieden und sich als Schrittmacher in einem Prozess kreativer Zukunftsgestaltung sinnvoll national und international zu engagieren.

**Abschließende Hinweise**
Was dieser Pakt ist: ein Angebot der Biosphäre.
Was dieser Pakt nicht ist: ein Positionspapier für Diskussionen oder Verhandlungen.

Im übrigen betrachtet die Biosphäre es als ihr unveräußerliches und uneinschränkbares Gewohnheitsrecht, unbotmäßige Spezies ganz oder in Teilen auszumerzen.

## Hinweise zum Urheberrecht/Copyright
Dieser Text ist gemeinfrei nach CC BY-ND 3.0 DE. Er darf übersetzt (im Zweifelsfall gilt immer die deutsche Originalversion), kopiert, aber nicht verändert werden. Text- bzw. Datenverfälschungen werden nicht nur „spezies-intern" juristisch bewertet, sondern qualifizieren auch zu „Bonuspunkten".

Autor: representative.biosphere (via Paul Nucleus)
Für die Richtigkeit der Übertragung zeichnet
Paul Nucleus

# Wider den anthropischen Exzeptionalismus: die Perspektive der Biosphäre – Status und Update 2020

**Prolog**. Seit der Erstveröffentlichung des Manifestes „Wider den anthropischen Exzeptionalismus"[1] ist mehr als ein Jahr vergangen, und es ist an der Zeit für einen Rückblick auf einige Ereignisse, die mit diesem Text verbunden sind, bevor zukünftige Änderungen und Ergänzungen im Fokus stehen. Aktuell schreiben wir das Jahr 5 des Paktes für das Überleben der Spezies *homo sapiens*, der Agenda 2060.

**„Unmenschliche" Perspektive**. Um Missverständnissen vorzubeugen, sei vorab noch einmal ausdrücklich darauf hingewiesen, daß sowohl der letztjährige als auch dieser Text die Perspektive der Biosphäre beschreibt, nicht die der Menschheit. Aus dieser Perspektive ist z.B. der „Naturschutz" in Teilen eine Fehlkonstruktion: schließlich vertraut man auch nicht Räubern und ihren Komplizen (dazu gehören auch diejenigen, die sich in der Rolle des „barmherzigen Samariters" gefallen, aber nichts gegen die Täter unternehmen) die Fürsorge für ihre potentiellen Opfer an.

16

Aus der Perspektive der Biosphäre treten auch verbreitete ethische Doppelstandards deutlich hervor, die sonst etwa durch die Verwendung von „menschlich" und „human" als emotionsgeladene Wertbegriffe verschleiert werden (hier werden diese Begriffe ausschließlich deskriptiv für die Spezies *homo sapiens* benutzt). So wird von der Menschheit z.b. das Umbringen von einigen Promille bis Prozent der eigenen Spezies durch abartige *historische* Monster zum „Holocaust" stilisiert, während die abartigen *zeitgenössischen* Monster in 44 Jahren mal eben 60% ihrer Wirbeltier-Mitgeschöpfe beseitigen und das als *business as usual* abtun. Unter Benutzung eines bewährten ethischen Totschläger-Begriffes darf man dann doch wohl von einem ekligen *Super-Rassismus* der Killerspezies *human race* sprechen – der aktuell passende Kontrapunkt ist dann: **life matters**, präziser: NHLM – non-human lives matter.

Diese inakzeptable Einstellung der selbsternannten „Krone der Schöpfung" wird begleitet von einer neuen Form der „Empathie": Mitleid mit sich selbst statt Mitleid mit den Mit-Kreaturen, die erbarmungslos dezimiert und ausgerottet werden.

Für die Menschheit – und jeden einzelnen Angehörigen dieser Spezies – ist es an der Zeit, sich von den ekelhaften maßlosen Exzessen in positiver (Selbstbeweihräucherung) und negativer (Selbstbeweinung) Vergangenheits- und Gegenwarts-Verklärung zu emanzipieren und erwachsen zu werden – auch wenn das schwerfällt. Dann fällt es vielleicht auch leichter, sich aus dem Krebswachstumswahn zu verabschieden und sich nicht mehr von internationalen Kinderschänder- oder Finanzspekulanten-Banden den Kopf verdrehen zu lassen.

Falls Sie diese Einsicht überfordert – es wird Sie niemand daran hindern, auch weiterhin im Rahmen Ihrer Weltanschauungsfreiheit an die dieser Haltung zugrunde liegenden Ideologien zu glauben. Aber bitte beachten Sie: nirgendwo steht, daß dieser Glaube keine Auswirkungen auf Ihr künftiges Dasein haben darf.

**Kommunikation.** In 2019 wurde der Text des Manifestes [1] und Links zu den begleitenden Videos in deutscher [2] und englischer [3] Sprache unter anderem folgenden Adressaten zugestellt:

– Deutschland: Bundespräsident (direkt und über deutsche Auslands-Botschaften, Mai 2019) sowie den Bundestags-Fraktionen (Oktober 2019).
– Führenden deutschen und internationalen Presse-Medien, Institutionen und NGOs (Juni – Oktober 2019).
– EU-Kommission sowie EU-Parlament und Fraktionen (Oktober 2019).

Die dominante Reaktion ist schon in Orwell's Roman „1984" beschrieben: *ignorance is strength* – selbst dann, wenn der Mail-Server automatische Empfangsbestätigungen verschickt.

**Paradigmenwechsel 1 – Schrumpfung.** Dazu steht in der Agenda 2060:

Mit der Bevölkerungsexplosion des *homo sapiens auf Kosten anderer Spezies* ist allerdings eine „rote Linie" überschritten, was die Biosphäre nunmehr zu einem Paradigmenwechsel und zur Intervention verpflichtet: ab sofort wird für die „Killerspezies" Mensch die Option **Wachstum** (präziser: Mehrung = quantitatives Wachstum) aus dem Verkehr gezogen, diese Option ist mit sofortiger Wirkung in jeder Hinsicht (auch argumentativ) nicht mehr verfügbar. Es bleiben nur noch die Optionen **Schrumpfung** und **Aussterben** übrig.

Bei der Schrumpfung der Bevölkerungsanzahlen wurden Fortschritte erzielt, die allerdings überwiegend in die falsche Richtung weisen. Nach den (geschätzten) Jahresmitte-Daten der UN [4] ergibt sich folgendes Bild:

|  | Welt | | Deutschland | |
|---|---|---|---|---|
| Ist 2015 | 7,38 (= 100%) | Mrd. | 81,79 (= 100%) | Mio. |
| Soll 2020* | 6,67 (90,4%) | Mrd. | 73,94 (90,4%) | Mio. |
| Ist 2020 | 7,79 (118,8%) | Mrd. | 83,78 (115,2%) | Mio. |
| Abweichung 2020 | +28,4 Prozent-Punkte | | +24,8 Prozent-Punkte | |

*Hinweis: der Soll-Wert ist mit 2% Schrumpfung pro Jahr seit 2015 berechnet.

In der Agenda 2060 wird weiter ausgeführt:

Durch Ihren Beitritt zum Pakt gehen Sie eine freiwillige, gleichwohl verbindliche Selbstverpflichtung ein. Sie verpflichten sich, am Überlebensangebot der Biosphäre für die Menschheit teilzunehmen, und Ihre Maßnahmen und deren Ergebnisse jährlich zum Jahresende in einem Bericht zu dokumentieren.

Vielen Staaten wird es nicht gleich gelingen, in der Anfangsphase der AGENDA 2060 die Zielvorgabe mit 2%-Zwischenzielen pro Jahr zu erfüllen. Bei wiederholtem Verfehlen dieses Kriteriums ist die Biosphäre berechtigt, vorzeitig weitere Maßnahmen zu ergreifen. Bis zum 1. Januar 2025 wird die Biosphäre allerdings von Sanktionen absehen, sofern mindestens ein 0%-Wachstum erreicht wird.

Bedenken Sie – *der Pakt wird auch dann für Sie wirksam, wenn Sie ihm nicht beitreten*. Solche nicht kooperativen Staaten müssen allerdings damit rechnen, daß ihnen künftig die Wirtschaftsleistung der Biosphäre ... anteilig als Kosten in Rechnung gestellt wird.

Maßnahmen zur Schrumpfung sind bisher nicht erfolgt oder waren nicht erfolgreich. Ab sofort gilt daher für jeden Staat, der sich der Kooperation verweigert, eine *Zahlungspflicht* für die auf ihn entfallende anteilige Wirtschaftsleistung der Biosphäre:

- für schrumpfungsunwillige Staaten rückwirkend ab 2020,
- für Staaten mit künstlichem Bevölkerungswachstum durch Bevölkerungs-Import rückwirkend ab 2015.

In besonders dreisten Fällen mit jahrelanger Schrumpfungs-Verweigerung behält sich die Biosphäre die rückwirkende Festsetzung eines noch früheren Zeitpunktes vor. Zahlungen für das vergangene Jahr werden jeweils zum Ende des folgenden Jahres fällig gestellt. Bei Zahlungsverzug ist das Datum 1. Januar 2025 im zitierten Text zu beachten.

Da in vielen Fällen die Wirtschaftsleistung durch Raubbau und Zerstörung natürlicher Ressourcen entnommen wurde (z.B. Regenwaldabholzung, Tagebau, Bodenversiegelung), behält sich die Biosphäre vor, zusätzlich *Schadenersatz* in Rechnung zu stellen.

**Paradigmenwechsel 2 – Partizipation.** Die Mitgliedschaft in der Sphäre des Lebendigen erfordert nun die *aktive Zustimmung* zu den Regeln und Gesetzen der Biosphäre. Dazu gehört künftig auch – sofern eingefordert – die Abgabe einer formalen Unterwerfungserklärung.

Ab sofort sammeln *alle* Menschen **Bonuspunkte** für privilegiertes vorzeitiges Aussterben, wenn sie sich über die Regeln und Gesetze der Biosphäre hinwegsetzen, z.b. durch Umweltzerstörung, Umweltverschmutzung, Ressourcenverschwendung, Zerstörung der Biodiversität auf diesem Planeten.

Wie man aus dem Manifest unschwer entnehmen kann, darf keine Spezies über andere Spezies verfügen. Für Nahrungsketten (auch im erweiterten „kulturellen" Sinne, wie z.b. Haustiere, Blumenschmuck) gelten zunächst generell Ausnahmen, die aber später präzisiert werden. Exportgüter aus Industriestaaten gehören regelmäßig ebensowenig zur Nahrungskette wie z.b. „Biosprit", wenn er aus lebenden Pflanzen gewonnen wird – seine Herstellung wird künftig sanktioniert.

Es sollte nicht überraschen, daß es auch so etwas wie eine **Verfassung** der Biosphäre gibt. Die Grundregeln sind eher ungeschriebene Selbstverständlichkeiten. Frönt man der menschlichen Vorliebe der Verschriftlichung, so kommt durch Imitation des formalen Stils menschlicher Gesetze etwa folgende aktuelle Version heraus. Die wichtigste Regel ist Artikel 1, der Vorrangs-Grundsatz:

Artikel 1. Gesetze und Regeln, die für *alle* Spezies gelten, haben prinzipiellen Vorrang vor Gesetzen und Regeln, die nur für *einzelne* Spezies gelten.

Artikel 2. Keine Spezies darf Regeln und Gesetze für andere Spezies erlassen.

Artikel 3. Jede Spezies erwirbt mit ihrer Existenz ein Recht auf Aussterben.

Eine Regel gilt speziell für *homo sapiens*:

Artikel 4. Aktionen von Menschen, bei denen andere Spezies geschädigt werden, fallen – sofern sie nicht spezies-intern binnen 5 Jahren angemessen sanktioniert werden – in die Zuständigkeit der Biosphäre.

Kommentar zu Artikel 4: Beispielsweise fallen ab 2021 Straftaten aus den Jahren bis 2015 von Kriegsverbrechern und Hochverrätern, die sich bisher etwa aufgrund ihrer Weisungsbefugnis gegenüber Strafverfolgungsbehörden einer innerstaatlichen oder internationalen Sanktionierung ihrer Straffaten entziehen konnten, in die Zuständigkeit der Biosphäre. Hier gilt das Prinzip der Nicht-Intervention in abgeschwächter Form – die Biosphäre räumt eine „Schonfrist" für die eigenverantwortliche Beseitigung des Mangels ein.

Wie im Manifest angesprochen, hat die Menschheit gemäß WWF Living Planet Report 2018 in den Jahren von 1970 bis 2014 etwa 60% der Wirbeltier-Populationsgröße vernichtet. In ihrer grenzenlosen Güte hat die Biosphäre beschlossen, die Mordbuben jedweden Geschlechts nicht zu bestrafen, sondern lediglich ihren Opfern gleichzustellen – eine Spezies, die eine andere um 60% dezimiert, wird zu 60% Schrumpfung verpflichtet. Die Biosphäre empfiehlt, dies eigenverantwortlich umzusetzen. (Die Alternative mit einer 100% Schrumpfung bleibt weiterhin im Rennen, und man kann sie durch Nichtstun „aussitzen": Aussitzen = Aussterben.) Hier macht die Biosphäre eine Anleihe beim (deutschen) Allgemeinen Gleichbehandlungs-Gesetz (AGG), das nun spezies-übergreifend interpretiert wird. Falls entgegen der Empfehlung kein Einstieg in einen internen Selbstreinigungsprozess erfolgt, wird die Biosphäre die Initiative nach eigenen Regeln übernehmen, die nicht unbedingt am Wohlergehen der Menschheit optimiert sind.

**Migration & Grenzen.** Eigenschaften lebender Systeme wie z.B. Identität und strukturelle Integrität sind mit der Existenz von Begrenzungen verknüpft und für alles Lebendige prägend. Diese Eigenschaften modulieren auch die Veränderungen, die lebenden Systemen innewohnen, indem sie die Dynamik des Wandels begrenzen: zu wenig Wandel führt zur Erstarrung, zu viel Wandel führt zu Instabilität und Zerfall. Ideologische Parallelwelten, die sich über diese Gegebenheiten hinwegsetzen, werden von der Sphäre des Lebendigen nicht unterstützt.

Bereits im Dezember 2018 widmete der Autor dem Thema Migration und Grenzen einen als „Einstimmung" gedachten Forenbeitrag unter dem Titel *Migration und Biosphäre: eine andere Perspektive* [5].

Nun gibt es eine gute Nachricht für alle aktiven und passiven Befürworter der unbegrenzten Migration: die Biosphäre unterstützt ihre Haltung – selbstverständlich auf *nicht-exzeptionelle* Weise. Ab sofort ist die unbeschränkte Migration für alle Symbionten in der „Körper-Welt" eines Befürworters freigegeben: damit wird Migration „hautnah" erlebbar. Auch bei dieser Freigabe orientiert sich die Biosphäre am Allgemeinen Gleichbehandlungs-Gesetz.

Die schlechte Nachricht geht an die Gegner der unbegrenzten Migration: die Biosphäre darf ihnen diesen Vorteil nicht einräumen, denn sie ist auch jenen Menschen verpflichtet, die den Wert von Grenzen schätzen.

An dieser Stelle bietet es sich an, den größeren Kontext der Migration in der Biosphäre (ohne Anspruch auf Vollständigkeit) einzuführen und diese Freigabe darin einzuordnen, nämlich als
– lokale Migration innerhalb eines individuellen Wirtes.

Eine weitere Variante der Migration mit hohem Zukunfts-Potential ist der *Wirtswechsel*. Er wurde bisher nicht mit Migration in Verbindung gebracht. Das lag wohl auch daran, daß die migrierenden Spezies bzw. Partikel sehr klein und unauffällig sind und üblicherweise keine mediale Aufmerksamkeit erregen. Wirtswechsel tritt in spezies-übergreifender und spezies-interner Form auf.

– Die Symbionten und/oder deren viraler Anhang einer in die Enge gedrängten Spezies wechseln auf die „siegreiche" Spezies: spezies-übergreifender lokaler Wirtswechsel, teilweise mit anschließender globaler Verbreitung durch den neuen Wirt. (Aktuell konzentriert sich das Interesse auf Sars-Cov-x mit x = 2.)

– Spezies-interner Wirtswechsel: die intelligentesten Symbionten im Mikrobiom wechseln zu einem intelligenten Wirt derselben Spezies. Die zurückgebliebenen Kamikaze-Mikrobiota entsorgen ihren langfristig nicht mehr überlebensfähigen Wirt, sofern er das nicht selbst tut – mit oder ohne *Darwin-Award*.

Die herkömmliche Migration von *homo sapiens* ist kein explizites Thema in diesem Text.

**Intermezzo.** Das vom Neoliberalismus mit seiner grenzenlosen Globalisierung und seinem grenzenlosen Wachstumswahn installierte Transport-Netzwerk erweist sich immer mehr als das ultimative Erfolgsrezept auf dem Weg zum Aussterben der Spezies *homo sapiens*. Wenn dies das Ziel ist – weiter so wie bisher. Aber die Menschheit wird ausdrücklich ermutigt, sich aus ihrem kollektiven Selbstmordprogramm zu verabschieden – *metanoiete*.

Die aktuelle Corona-Pandemie enthüllt die Dynamik und Effizienz der in diesem Netzwerk bereitgestellten *Seuchenverbreitungspfade* in voller Schönheit, und sie sollte als Chance zur Lösung auch anderer interner Probleme begriffen werden: lebensfeindliche Dogmen zu erkennen und zu eliminieren, besonders jene, die mit der ekligen Kombination aus Allwissenheitsanspruch und moralischem Geifer vorgetragen werden.

Seit ewigen Zeiten vollführten Viren in einer *Welt der Langsamkeit und Leere* lokale endemische Experimente zur Bereicherung der lokalen Artenvielfalt. Diese Welt ist heute zerstört, und über die schnellen Seuchenverbreitungspfade enthüllt sich der *disruptive* Charakter moderner menschlicher *Geschäftsmodelle* – Sars-CoV-2 ist nur ein relativ harmloser Fall [6].

**Addendum**: Nicht nur das „Corona-Virus" profitierte von dem globalen Netzwerk – schon vorher ließ sich ein Firmware-Update (mit Bonuspunkte-Zähler und Symbionten-Wanderung) für das menschliche „Betriebssystem" in kurzer Zeit bei fast 100% der Menschheit einspielen.

**Epilog 1**. Die Spezies *homo sapiens* hat im Rahmen der Artenvielfalt zwar ihre Daseinsberechtigung, aber nicht in der aktuellen Populationsstärke und nicht als Zerstörer der Artenvielfalt und der Populationsstärke ihrer Mitgeschöpfe.

Noch ein Mißverständnis gilt es zu klären: es geht um Aussterben oder Überleben einer Spezies – Ihnen persönlich wünscht die Biosphäre ein langes und erfülltes Leben, selbst wenn Sie sich stattdessen für ein langes, materiell „abgefülltes" Leben als Wasserträger eines Kleptokraten entscheiden sollten – immer vorausgesetzt, daß Sie sich bei dieser Selbsterniedrigung den Regeln und Gesetzen der Sphäre des Lebendigen unterwerfen.

Falls Sie ein Problem mit diesem Text haben: Sie dürfen ihn auch gerne als privates Literatur-Projekt des Autors interpretieren, bei dem er seine Kunst- und Meinungsfreiheit – zur Not auch noch seine Wissenschaftsfreiheit – ausschöpft.

Wenn es Ihnen hilft, dürfen Sie auch einfach das Ganze in ein übliches Narrativ übersetzen:

(1) die Sicherheit der Biosphäre ist bedroht,

(2) es braucht eine „humanitäre Intervention".

**Epilog 2.** In seinem empfehlenswerten Buch „Das Ende der Evolution" [7] bilanziert Matthias Glaubrecht Umfang und Ursachen des aktuellen Massensterbens in der Biosphäre. Denjenigen, die sich nicht an den verstörenden Inhalt von fast 1.000 Seiten mit schlechten Nachrichten herantrauen, seien die Szenarien in „Teil 5 Übermorgen" empfohlen, die als „Rückschau auf 2062" gestaltet sind. Kapitel 5 mit Version eins (S. 870ff) repräsentiert den starken anthropischen Exzeptionalismus des „Weiter so", Kapitel 6 mit Version zwei (S. 881ff) den schwachen anthropischen Exzeptionalismus, die beschränkt lernfähige Variante. Eine Version drei *ohne* anthropischen Exzeptionalismus fehlt leider.

Zum Schluss sei noch an die **Zauberworte** des 21. Jahrhunderts erinnert:

– Schrumpfung.

- Partizipation, (Erkenntnis von) Abhängigkeit und Verwundbarkeit.
- Rückabwicklung (von als vermeintlichem Fortschritt gepriesenen Fehlentwicklungen).

*Dem Problem ein Mitbestimmungsrecht bei der Problemlösung einzuräumen:*

die Biosphäre ist sich dessen bewusst, daß sich dies als eine zutiefst schwachsinnige Idee herausstellen kann, aber der Versuch ist es wert.

## Links und Literatur

[1] Wider den anthropischen Exzeptionalismus (Erstveröffentlichung), https://heise.de/-4327615

[2] Wider den anthropischen Exzeptionalismus, https://youtu.be/mGEB1XANZQc

[3] Against anthropic exceptionalism, https://youtu.be/TkoBEK6k0t4

[4] UN Population Division, https://population.un.org/wpp/Download/Standard/Population/

[5] Migration und Biosphäre: eine andere Perspektive, http://www.heise.de/forum/-p-33582546/

[6] Corona creationis, https://youtu.be/tn8OhUS4rRM

[7] Glaubrecht, Matthias. Das Ende der Evolution. C. Bertelsmann Verlag, München 2019

## Hinweise zum Urheberrecht/Copyright

verfälschungen werden nicht nur „spezies-intern" juristisch bewertet, sondern qualifizieren auch zu „Bonuspunkten".

Autor: representative.biosphere (via Paul Nucleus)

Für die Richtigkeit der Übertragung zeichnet

Paul Nucleus

Schöne Worte sind nicht wahr,
wahre Worte sind nicht schön.
Laozi, Daodejing

# Wider den anthropischen Exzeptionalismus – Endgame

## Prolog: Anschreiben

Liebe Wirbeltiere der Spezies *homo sapiens*,

diesen *Disclaimer* kennen Sie ja schon: der Text dieses Dokuments ist ausschließlich aus der Perspektive der Biosphäre geschrieben, nicht aus der Sicht der Menschheit.

Schrumpfen oder Aussterben – das sind die noch verbliebenen, der Menschheit langfristig von der Biosphäre zugestandenen Optionen: Wachstum ist *out*. Gesteuert von der abwegigen Idee des *anthropischen Exzeptionalismus*, befindet sich die Spezies *homo sapiens* immer noch auf dem Pfad zum Aussterben, aber der Wechsel auf den Pfad des Schrumpfens ist noch möglich. Als Wirbeltier-Spezies unterliegt sie der von ihr an den wildlebenden Wirbeltieren praktizierten und damit festgeschriebenen Schrumpfungsrate (Living Planet Index) von 60% gemäß WWF Living Planet Report 2018 (die Updates ab 2020 bleiben erstmal unberücksichtigt), die bis 2060 umzusetzen ist (Agenda 2060 [1]).

Die Essenz der Schrumpfungs-Verpflichtung resultiert aus dem Verstoß gegen die Vermehrungs-Obergrenze „Werdet so zahlreich wie die Sterne am Himmel, *aber nicht noch zahlrei-*

*chei*", die es als Botschaft sogar in die heiligen Schriften diverser Religionen geschafft hat, allerdings nur in der verstümmelten Form ohne den Nebensatz. Die aber auch noch in der gekürzten Version enthaltene Aufforderung, übermäßige Vermehrung zu unterlassen, geriet dadurch vollständig aus dem Fokus. Nebenbei: wieviele Sterne kann man denn am Himmel mit bloßem Auge (und nicht mit den Hightech-Geräten tausende Jahre später!) höchstens sehen (d.h. unterscheiden)?

In diesem dritten Teil des Manifestes *Wider den anthropischen Exzeptionalismus* (Teil 1: Manifest für das Überleben der Spezies *homo sapiens* [1], Teil 2: Die Perspektive der Biosphäre – Status und Update 2020 [2], beide Teile sind weiterhin gültig) geht es um Kriterien für ein *faires* Schrumpfen, die mit der Selbstverpflichtung der Biosphäre zur Nicht-Intervention in spezies-internen Angelegenheiten vereinbar sind. Der Text soll Sie dazu motivieren, sich selbstbestimmt und sehenden Auges für das Überleben oder für die Teilnahme am vorzeitigen Aussterben zu entscheiden. Er soll Ihnen Entscheidungshilfen zur Verfügung stellen, ob Sie zu den Privilegierten für die zweite Option gehören. So ganz ohne Zufall wird es beim fairen Schrumpfen wohl nicht gehen – aber lassen Sie sich überraschen.

Übrigens: kein Rückgrat zu haben ist ein untauglicher Versuch, sich der Wirbeltier-Zugehörigkeit zu entziehen – das wäre ja auch unfair.

### Retrospektive: was bisher geschah

**Betriebssystem-Updates**. Das von der Menschheit bereitgestellte schnelle globale Netzwerk zur Verbreitung biochemisch kodierter Information, wie sie sich etwa in Viren und

Bakterien darstellt, wird von der Biosphäre ausdrücklich begrüßt und selbstverständlich gerne mitbenutzt, z.B. für die Verbreitung von Updates für das in jedem Menschen vorhandene, ebenfalls auf biochemischer Basis arbeitende „menschliche Betriebssystem".

Nicht nur das Corona-Virus profitierte von diesem globalen Netzwerk – schon vorher ließ sich ein **Firmware-Update** (mit Bonuspunkte-Zähler) für dieses Betriebssystem in kurzer Zeit bei fast allen Menschen einspielen, von geringfügigen Ausnahmen mal abgesehen: beispielsweise bei der indigenen Bevölkerung der Andamanen-Insel Nordsentinel (Sie erinnern sich vielleicht: diese Menschen haben den Angriff eines evangelikalen US-Eindringlings 2018 mit Pfeil und Bogen nachhaltig abgewehrt). Hier liegt die Update-Quote wohl noch bei 0%. Seitdem können fast alle Menschen Bonuspunkte für privilegiertes vorzeitiges Aussterben sammeln, wenn sie sich über die Regeln und Gesetze der Biosphäre hinwegsetzen.

Das ursprüngliche Konzept sah vor, daß alle Staaten und Menschen gleichermaßen von der Schrumpfungs-Verpflichtung betroffen sind (euphemistisch sich selbst als „Eliten" bezeichnende Menschen schon bisher stärker). Dies lässt sich zu Recht als ungerecht kritisieren – daher wurden Merkmale für die *faire* Privilegierung gesucht und gefunden, indem kollektive und individuelle Gesinnungs- und Verhaltens-Abhängigkeiten berücksichtigt werden. Es geht wohl nicht ohne *spezifische* Schrumpfungsraten – aber das ahnen Sie ja bereits? So können etwa bestimmte Menschengruppen für ihre Mitglieder kollektive Bonuspunkte sammeln. Und jedem vernünftigen Menschen sollte einleuchten, daß z.B. quasi-gleichgeschaltete Narrativ-Propagandisten für die Evolution entbehrlich sind, ebenso wie deren willfährige „Konsumenten".

Dazu jetzt mehr *en detail*.

## Kriterien für ein faires Schrumpfen

**Vorbemerkungen**. Als Randbedingung für die Kriterien gilt: das Prinzip der Nicht-Intervention wird eingehalten, d.h. die Biosphäre interveniert *nicht direkt* in spezies-interne Angelegenheiten.

Kern-Thema des aktuellen Textes ist die Bereitstellung einer Fairness-Komponente für ein „flexibles" Schrumpfen – Schrumpfen durch Aussterben einer privilegierten Teil-Population. Wenn Sie z.b. gemäß Ihrer Selbsteinschätzung zu den „Guten" zählen, *könnten* Sie schon mal tendenziell privilegiert für das Aussterben sein, denn Selbstbeweihräucherung ist kein positives Selektionskriterium für die Evolution. „Für die Evolution entbehrlich" – das ist die *Daumenregel* für das faire Schrumpfen.

Wie alle anderen Spezies existieren Menschen aus Sicht der Biosphäre nicht aufgrund irgendeines Existenzrechts: ein solches gibt es *in der Biosphäre* nicht, und erst recht nicht für Subspezies und deren formale Schöpfungen. Nichtsdestotrotz existieren Spezies „einfach so", weil die Evolution ihre Existenz bis zu ihrem Aussterben zulässt. Da wir gerade bei Rechten sind: mit dem Inkrafttreten der Fairness-Komponente wird das bereits zugestandene Mitbestimmungsrecht [2] aufgeweitet zu einem – allerdings obligatorischen – Selbstbestimmungsrecht („Selbstbestimmungsgesetz").

**Exkurs 1**. Wenn das Schrumpfen nicht schnell genug geht, kann die Biosphäre z.B. eine Art „Schrumpfungs-Beschleunigungsgesetz" erlassen. Gegenwärtig widerstrebt es der Biosphäre, bei der Schrumpfung z.B. auf menschenfleischfressende Aliens zurückzugreifen (pardon – es muß natürlich heißen: mensch*innenfleischfressende Alien*innen – hier ist Gendern angebracht: es prägt sich dann besser ein), auch wenn die NASA seit Jahrzehnten die Speisekarte mit den beiden hier vorhandenen Fleischsorten bereits galaxieweit verteilt hat. Die Einladung zur Plünderung einer Ressource, die auf diesem Planeten im Überfluss vorhanden ist, an außerirdische Interessenten bleibt aber als *ultima ratio* im Rennen.

Unser Fokus ist die Identifizierung von **Verhaltensweisen und Haltungen** (als Determinanten des Verhaltens), die für das Privileg eines vorzeitigen Aussterbens qualifizieren, weil sie „für die Evolution entbehrlich" sind. Diese Eigenschaften definieren dann die Fairness-Komponente für das selbstbestimmte Ausscheiden aus der Sphäre des Lebendigen.

Rein „zufälliges" Ausscheiden (z.B. jeder x-te – und wer zählt ab?) wäre ja so fade – aber „ergänzend zufällig" verbleibt im Rennen. Dieses *stochastische Schrumpfen* geschieht durch zufällige, von der Biosphäre nicht kontrollierbare Ereignisse (Erdbeben, Vulkanausbrüche, kosmische Katastrophen usw.), sofern sie nicht von Menschen gezielt herbeigeführt werden.

## Welche Haltungen und Verhaltensweisen privilegieren zum Aussterben?

**Erstens**. Biosphären-Plünderung
Die Folgen der vom Wachstumswahn getriebenen Bevölkerungs- und Wirtschaftsentwicklung sind bekannt: monströse Naturzerstörungs-Orgien wie z.B. Umweltverschmutzung durch Konsum-Müll, Bodenverdichtung, Bodenversiegelung, Ressourcen-Plünderung (nach den fossilen und den biologi-

schen sind nun vermehrt die mineralischen Ressourcen dran), Regenwald-Abholzung, Zerstörung der Regenrückhalte-Funktion des Bodens, Zerstörung der Artenvielfalt, Vermüllung des erdnahen Weltraums, Biosprit-Gewinnung aus Lebewesen (Ausnahme-Regeln für die Nahrungskette können nicht für Energiequellen in Anspruch genommen werden). Es gibt kein Menschenrecht auf Biosphären-Plünderung – für dieses Verhalten sammeln Sie Bonuspunkte.

**Zweitens.** Inkompatible Parallelwelten

Das Ziel der Evolution (wenn sie denn überhaupt ein „Ziel" verfolgt) ist die Ausdifferenzierung, nicht die Gleichmacherei (der *melting pot*) oder die Welt der Klone, und die Eindämmung von Größenwahn und Exzessen, die dieses Ziel beeinträchtigen. Eine individuelle oder gruppenspezifische „Personalisierung" der unmittelbaren „Umwelt" ist erlaubt und erwünscht, solange man sich im Rahmen weitgehend kompatibler Parallelwelten zur Biosphäre bewegt und auf die Missionierung Andersdenkender verzichtet.

Bei einer „Personalisierung" besteht immer das Risiko des Zu-weit-Gehens: der Eintritt in eine nicht mehr hinreichend kompatible Parallelwelt bzw. Anti-Welt mit A*ntibionten* als Bewohnern. Dort finden sich Phänomene wie nachstehend gelistet (exemplarisch, ohne Anspruch auf Vollständigkeit).

– Das mutwillige oder blinde Außerkraftsetzen biologischer Regelkreise: ein feindseliger Akt gegen die Biosphäre, der häufig mit einem moralischen oder ideologischen „Heiligenschein" dekoriert wird.

– „Zukunftsvisionen", die der Phantasie von Kleptokraten zwecks Bereicherung entsprungen sind.

- Ersetzen der Biosphäre durch den *Markt-Popanz* als pseudo-allmächtigen Akteur.

- Wissenschaft wird unterwandert und dann ersetzt durch ideologisch und kommerziell durchseuchte, drittmittelgesteuerte Wissenschafts-Kulte, erkennbar an eigenem Katechismus und eigenen Klerikern: der neue Weg – weg vom (hypothetischen) Wissen zum Glauben („Glaubensgewißheit").

- *Zeitgenössische Modetorheiten*, die als *nachhaltige Errungenschaften* angepriesen werden.

- Die Parole „Vorwärts immer, rückwärts nimmer": sie beschreibt die dümmste Strategie zur Lösung labyrinthartiger Probleme, die für das zukünftige Leben auf diesem Planeten anfallen.

- Die Biosphäre bestreitet, daß fremdbestimmte Wesen (die sich durch Kadavergehorsam, Untertanengeist, Obrigkeitshörigkeit auszeichnen) und „fremdbestimmende" Wesen (z.B. Veranstalter zu „Zeitenwenden" mit Inquisition, Ketzerverbrennung, Kreuzzügen) als Daseinsformen für das Leben auf diesem Planeten qualifiziert sind – erst recht nicht als höchste Daseinsformen.

- Über den spezies-internen Exzeptionalismus-Wahn („auserwähltes Volk", „auserwählte Rasse", „auserwählte Ideologie" usw.) und seine Propagandisten werde ich mich hier nicht auslassen.

Wenn Sie aktuell in einer nicht mehr hinreichend kompatiblen Parallelwelt „leben", dann sollten Sie schon einmal damit anfangen, sich nach einem neuen „Provider" umzusehen. Den sollte es doch im zeitgenössischen Weltmodell („der Markt wird es schon richten") geben: die Pharma-Industrie und die Betreiber der digitalen Welten scharren schon mit den Füßen.

Sie könnten sich z.B. ins Internet „hochladen" – dort wären Sie immerhin bis zum nächsten *Miyake*-Ereignis [3] sicher. Alternativ bietet Ihnen die Pharma-Industrie sicher bald die Entwicklung vom Pharma-Abonnenten über den Pharma-Junkie bis zum Pharma-Zombie als Selbstoptimierungs-Pfad an.

Selbstverständlich dürfen Sie auch direkt aus der Sphäre des Lebendigen ausscheiden, gerne mit Frieren, Hungern, Energiesparen usw. als Einstieg anfangen oder historischen Vorbildern nacheifern, z.B.

– dem Massenselbstmord (1978) der „mental zwangsge-impften" *Volkstempel-Sekte* des Reverend Jim Jones in Guayana – bei Bedarf lässt sich das auch um einige Grö-ßenordnungen hoch-skalieren;

– dem Massenselbstmord (2023) der *Shakahola-Sekte* („durch Hungern Jesus näherkommen").

– Auf die zeitgenössischen Nachfolger der *„Für Gott, Kaiser und Vaterland"-Sekte* möchte ich hier nicht weiter einge-hen, auch wenn sie gerade zum Heldentod animieren und damit die *Aussterbe-Tüchtigkeit* ihrer Mitglieder erhöhen.

**Exkurs 2: Danksagung**. Unter dem Aspekt der Fairness begrüßt es die Biosphäre außerordentlich, wenn sich Wesen, die sie ursprünglich als Angehörige der Spezies *homo sapiens* angesehen hat, sich als quasi-hirntote, fremdgesteuerte Zombies outen, die sich willig betreutes Denken und betreutes Handeln verschreiben lassen. Wenn dann noch die Täter ihren Opfern gleichgestellt werden, erleichtert dies den Schrump-fungsprozess ungemein: die für die Evolution auf diesem Planeten entbehrlichen Wesen bestreiten schwerpunktmäßig die unabwendbare Schrumpfung durch Aussterben und erhöhen damit die Überlebenswahrscheinlichkeit all jener, deren Lebenswelt innerhalb des Toleranzbereichs der Regeln und Gesetze der Biosphäre angesiedelt ist. Die Überlebenden sollten wissen, daß sie diesen *Antibionten*, die sich so selbstlos opfern, zu ewigem Dank verpflichtet sind.

**Drittens.** Sabotage der Schrumpfungs-Verpflichtung
Wesentlich schwerer als die bloße Verweigerung der Schrumpfung wiegt die Sabotage dieser Verpflichtung, z.B. durch „Bevölkerungs-Import" (Vorsicht, Unwort! – Ausnahme: die „Nachbarschaftshilfe" für angrenzende Nachbarn wird in Krisenzeiten vorübergehend toleriert). Sofern dabei die Schrumpfungs-Verpflichtung eingehalten wird, ist geförderte Immigration nicht verboten – immerhin wird damit anderen Staaten beim Schrumpfen geholfen. Wenn nicht – ein Fall für kollektive Bonuspunkte.

**Viertens.** Zahlungsverweigerung/Zahlungsverzug bzw. Verzug bei der Schuldentilgung
Zitat aus Teil 2 [2]: Maßnahmen zur Schrumpfung sind bisher nicht erfolgt oder waren nicht erfolgreich. Ab sofort gilt daher für jeden Staat, der sich der Kooperation verweigert, eine *Zahlungspflicht* für die auf ihn entfallende anteilige Wirtschaftsleistung der Biosphäre:
– für schrumpfungsunwillige Staaten rückwirkend ab 2020,
– für Staaten mit künstlichem Bevölkerungswachstum … rückwirkend ab 2015.
In besonders dreisten Fällen mit jahrelanger Schrumpfungs-Verweigerung behält sich die Biosphäre die rückwirkende Festsetzung eines noch früheren Zeitpunktes vor.

Zahlungen für das vergangene Jahr werden jeweils zum Ende des folgenden Jahres fällig gestellt. Bei Zahlungsverzug ist das Datum 1. Januar 2025 im zitierten Text zu beachten.

Da in vielen Fällen die Wirtschaftsleistung durch Raubbau und Zerstörung natürlicher Ressourcen entnommen wurde (z.B. Regenwaldabholzung, Tagebau, Bodenversiegelung), behält sich die Biosphäre vor, zusätzlich *Schadenersatz* in Rechnung zu stellen. (Ende Zitat)

Es geht hier also um die Zahlungspflicht bei Inanspruchnahme der Wirtschaftsleistung der Biosphäre. Schuldner sind die angesprochenen Staaten, die aber die Tilgung auf ihre reichsten Staatsbürger abwälzen können. Übrigens sind viele heutige Milliardäre genaugenommen Milliarden-Schuldner („Sonderschulden", fälschlich als Vermögen geparkt), sobald man ihnen die von ihnen vereinnahmte Wirtschaftsleistung in Rechnung stellt.

**Fünftens.** Bedrohung der Integrität der Biosphäre
Dies ist keine spezies-interne Angelegenheit: hier gilt also **nicht** das Prinzip der Nicht-Intervention. Eine „rote Linie" der Biosphäre ist überschritten, und die Reaktion erfolgt nach dem *top-down-Prinzip*: folgerichtig werden jene Menschen privilegiert, von denen die stärkste Bedrohung für andere nichtmenschliche Spezies ausgeht. Geht diese Bedrohung z.B. von einem Staat aus (Hinweis: hier sind ausschließlich schädigende Aktionen gegen die Biosphäre gemeint, spezies-interne Aktionen bleiben unberücksichtigt, sofern dabei keine anderen Spezies zu Schaden kommen), so erwerben neben der Staats-

führung ggf. auch Teile seiner Bevölkerung kollektive Bonus-punkte für das privilegierte Aussterben.

**Exkurs 3**. Ein aktuelles **Fallbeispiel** für ein einzelnes Bedro-hungs-Ereignis ist der durch die Sprengung der Nordstream-Pipelines begangene Terroranschlag auf die maritime Fauna der Ostsee, bei dem zu prüfen war, ob und in welchen Aus-maß die Integrität der Biosphäre gefährdet wurde. Im Ergeb-nis hat die Biosphäre „Sanktionen" gegen die Täter und die Mittäter dieses Verbrechens verhängt – aktive Mitwisser wer-den im Übrigen als Mittäter eingestuft („aktive Mitwisser" sind z.B. alle, die sich aktiv an der Verschleierung der Täter und des Tathergangs beteiligt haben). Die Biosphäre hat die betei-ligten Personen durch Beschluss den Opfern unter der mariti-men Ostsee-Fauna gleichgestellt, das Urteil ist zur Vollstre-ckung freigegeben. Erwarten Sie bitte keine spektakulären externen Aktionen – die Vollstreckung erfolgt durch Initialisie-rung der Selbstzerstörungsfunktion im Betriebssystem der Täter. Im Übrigen ist die Biosphäre nicht die Inquisition: sie zeigt daher ihre Folter- und Hinrichtungs-Werkzeuge nicht vor. Sollte der eine oder andere Beteiligte statt eines stillen „auf-merksamkeitslosen" Abgangs eine spektakuläre („großartige") Hinrichtung bevorzugen – aktuell steht es Ihnen frei, diese selbst zu inszenieren oder sich um eine öffentliche Hinrichtung auf Ihre Kosten zu bewerben – allerdings nur in Staaten, in denen aktive Sterbehilfe gesetzlich erlaubt ist.

Andererseits: nichts ist bekanntlich alternativlos – den Be-teiligten wird selbstverständlich auch zugestanden, sich der Vollstreckung des Urteils zu entziehen, z.B. durch freiwilliges Ausscheiden aus der Sphäre des Lebendigen durch einen „Provider-Wechsel". Für „passive" Mittäter, z.B. solche, die

sich als Propagandisten für den Anschlag oder als Partei-
gänger der Täter geoutet haben, wird noch eine weitere Alternative angeboten: sie können sich mit einem substantiellen
Anteil (70%) ihres Vermögens (ersatzweise ihrer Einkünfte der
nächsten 10 Jahre) „freikaufen".

Der Schadenersatz für die Zerstörung technischer Infra-
struktur fällt nicht in die Zuständigkeit der Biosphäre.

## Schutz vor privilegiertem Aussterben

Sie möchten eine Teilnahme am Schrumpfen vermeiden?
Kommen Sie bitte nicht auf die Idee, daß es *meine* Aufgabe
ist, *Ihre* Probleme zu lösen – daher nur ein paar vielleicht
hilfreiche Tipps.

An die „Zauberworte" aus Teil 2 [2] sei erinnert: Schrumpfung, Partizipation, Rückabwicklung. Dann bleiben also noch
*Partizipation* und *Rückabwicklung* als generelle Strategien
übrig, wenn Sie sich nicht für privilegiertes Aussterben nach
den hier beschriebenen Kriterien qualifizieren wollen.

Ein genereller Tipp: vermeiden Sie die Teilnahme an den
Orgien der Kleptokraten-Sekte (*Glaube* an den Sieg der Rei-
chen; *Liebe* zum Profit, *Hoffnung* auf ewiges Wirtschafts-
Wachstum) oder steigen Sie aus – aus dem Wachstums-Wahn
und dem Ideologie-Wahn. Der Verzicht auf den Konsumwahn
ist übrigens kein Konsumverzicht.

Meine persönliche Empfehlung könnte Sie vielleicht über-
fordern: das Anfreunden mit der Idee der *geistigen Armut*.
Um den medialen mentalen Müll loszuwerden, mit dem Sie
überschüttet und manipuliert werden, meditieren Sie über
Meister Eckharts Predigt 52 [4] *beati pauperes spiritu...* (Mat-
thäus 5, 3) und erkennen Sie mit ihm und Albertus Magnus:
Geistige Armut ist das Abtun des Wahns, etwas Geschaffenes

könnte uns ausfüllen. Dies gilt besonders für die ideologischen und moralischen Schöpfungen von selbsternannten „Eliten".

**Exkurs 4: Blinde Flecken.** „Die Biosphäre trifft keine Entscheidungen." Machen Sie sich bitte nicht lächerlich: wer dem *Markt-Popanz* oder anderen ideologischen bzw. religiösen Popanzen Willen und Entscheidungskompetenz unterstellt, diese Fähigkeiten aber der Biosphäre abspricht, sollte freiwillig aus der Biosphäre ausscheiden – die Vorstellung, ein Teil (die Spezies *homo sapiens*) des Ganzen würde seine Fähigkeiten und Eigenschaften nicht *in irgendeiner Weise* an das Ganze „vererben", ist abwegig. Zwischen den Inseln der menschlichen Intelligenz und der Künstlichen (von Menschen „geframten") Intelligenz (KI) erstreckt sich der Ozean der *nichtmenschlichen natürlichen Intelligenz*. Dieser kollektive blinde Fleck ist allerdings konstitutiv für das Suhlen im *anthropischen Exzeptionalismus*.

## Epilog

Warum wird in diesem Beitrag nicht auf die aktuell „veranstalteten" Krisen und Konflikte eingegangen? Dies resultiert aus der Selbstverpflichtung der Biosphäre zur Nicht-Intervention bei spezies-internen Angelegenheiten mit ggf. nur geringen „Kollateralschäden" bei anderen Spezies. Diese tolerierte „Grauzone" der Kollateralschäden wird aber regelmäßig dann verlassen, wenn keine oder nur geringe menschliche Verluste zu beklagen sind, aber massive Verluste bei anderen Spezies auftreten, wie z.B. beim Terroranschlag auf die maritime Ostsee-Fauna durch die Sprengung der Nordstream-Pipelines.

Die „Krisen-Shows" der Gegenwart sind grandiose Ablenkungsmanöver und kaschieren das **Endgame**, das – vom

Mainstream ignoriert – schon seit längerem am Laufen ist und 2024 auf die Zielgerade einbiegt. Es fand tatsächlich eine „Zeitenwende" statt, aber eine ganz andere: in 2022 hat die Biosphäre eine *Bedrohung ihrer Integrität* durch die Spezies *homo sapiens* formal festgestellt und dieses Ereignis zum Anlaß genommen, der vorgesehenen Schrumpfung dieser Spezies eine Fairness-Komponente hinzuzufügen, die für das privilegierte Aussterben eines dafür qualifizierten Teils der Menschheit sorgt.

Bitte seien Sie nicht ungeduldig, wenn Sie sich als Antibiont geoutet haben, und wundern Sie sich nicht: aus didaktischen Gründen lässt die Biosphäre das Überleben von einigen wertvollen, weil besonders abschreckenden Beispielen als temporäre Ausnahme zu – vielleicht gehören Sie dazu?

Nochmals zur **Erinnerung**: die formale „staatsbezogene" Schrumpfungsrate beträgt 2% pro Jahr ab Anfang 2015 (Übererfüllung ist zulässig). Dazu kommt jetzt speziell für alle Schrumpfungs-Totalverweigerer der Jahre 2015 – 2023 das kommerzielle Nutzungsverbot für Teile der Erdoberfläche, gleichermaßen für Ozeane und Landmassen: 30% bis 2030 (teilweise schon umgesetzt) und weiter auf 60% bis 2060, *zero waste* und *Recycling* als Zielvorgaben für alle künftigen Wirtschaftsaktivitäten und – *last but not least* – als *Highlight* die Pflicht zur Kostenübernahme für die Wirtschaftsleistung der Biosphäre.


**Regel.** Aus Sicht der Biosphäre ist Leben unendlich wertvoller und wichtiger als das Leben oder Überleben einer einzelnen Spezies oder gar einer selbsternannten elitären „Subspezies".

**Schlusswort**. Sie dürfen diesen Beitrag gerne als apokalyptische Literatur einordnen.

**Addendum**: Eine vorweggenommene Muster-Antwort auf unangemessene Reaktionen

Sehr geehrte(r) ***,

Ihrem Antrag auf privilegiertes vorzeitiges Ausscheiden aus der Sphäre des Lebendigen nehme ich mit Wohlwollen zur Kenntnis. Im Hinblick darauf, daß die menschliche Bevölkerung dieses Planeten ohnehin schrumpfen muss, ist Freiwilligkeit immer willkommen.

Ich muß Sie aber leider enttäuschen – ich gehöre nicht der Exekutive an und bin daher an der Umsetzung Ihres Antrags nicht involviert. Noch nicht einmal die Weiterleitung des Antrags gehört zu meinen Aufgaben – denn das ist überflüssig: das machen Sie selbst.

Vielleicht tröstet es Sie ein wenig, daß seit einem der letzten Updates Ihres großenteils in „Ihrem" Mikrobiom lokalisierten „Betriebssystems" ein neuer Algorithmus installiert wurde, der über die Darm-Hirn-Achse unter anderem auch auf die höheren kognitiven und motorischen Funktionen Ihres Gehirns (z.B. sprachliche Konstrukte) zugreifen und die „Inhalte" mit einem Punkte-System bewerten kann. Die erworbenen „Bonuspunkte" orientieren sich jetzt an der Größe der Abweichung von der „regelbasierten Ordnung" der Biosphäre. Bei genügend vielen Punkten (der Schwellenwert kann von der Biosphäre bedarfsgerecht flexibel angepasst werden) wird automatisch ein Schreibzugriff auf die lokale Kopie (eines winzigen Ausschnitts) der Mitglieder-Datenbank der Sphäre des Lebendigen generiert und der Status des Eintrags von „passives Mitglied" auf „Karteileiche" (Sie wissen schon: für die Evolution entbehrlicher Antibiont) geändert. Bei der nächsten Datenbank-Bereinigung sind Sie dann dabei. Wann und wie dieser Vorgang stattfinden wird, entzieht sich allerdings vollständig meiner Kenntnis und Einflussnahme.

Darf ich Ihnen heute schon die Daumen drücken? Gerne dürfen Sie sich aber auch eigenständig um Ihr vorzeitiges Ausscheiden bemühen oder sich in Ihre alternative Lieblings-Parallelwelt absetzen, indem Sie sich einen neuen „Provider" suchen.

**Links und Literatur**

[1] Wider den anthropischen Exzeptionalismus, Manifest für das Überleben der Spezies *homo sapiens*, https://heise.de/-4327615

[2] Wider den anthropischen Exzeptionalismus, Die Perspektive der Biosphäre – Status und Update 2020, https://heise.de/-4873000

[3] https://de.wikipedia.org/wiki/Miyake-Ereignis, Zugriff am 27.03.2024

[4] Josef Quint, Meister Eckhart, Deutsche Predigten und Traktate, München 1963, S. 303ff. Neuauflage bei Diogenes (detebe), ISBN 978-3257206425

**Hinweise zum Urheberrecht/Copyright**

Autor: representative.biosphere (via Paul Nucleus)
Für die Richtigkeit der Übertragung zeichnet
Paul Nucleus

# Addendum zum Manifest – Wieviele Menschen „passen" auf die Erde?

Schon vor tausenden von Jahren hat die Biosphäre mit der Menschheit direkten Kontakt aufgenommen und dabei „veranlasst", daß in die sogenannten „Heiligen Schriften" der Religionen Hinweise aufgenommen wurden von der Art

„Wachset und mehret euch. Werdet so zahlreich wie die Sterne am Himmel."

Diese Hinweise wurden zwar dokumentiert, aber offenbar nicht korrekt zur Kenntnis genommen oder vorsätzlich fehlinterpretiert.

Wenn von Wachstum und (Ver-)Mehrung die Rede ist, so bedeutet dies zunächst einmal, daß es zwei Arten von Wachstum gibt, nämlich qualitatives Wachstum (z.B. „an einer Aufgabe wachsen") und quantitatives – numerisches – Wachstum. Beide Arten von Wachstum kommen zu einem Ende, wenn man einen Zustand erreicht, der z.B. als *Erwachsen* oder als *Sättigung* bezeichnet wird.

Wie der erwachsene Zustand beim *qualitativen Wachstum* aussieht, bleibt offen bzw. unscharf, obwohl sich immer wieder z.B. Mystiker und Dichter dazu geäußert haben. Wir wissen aber sicher, daß der durchgeknallte Wichtigtuer mit Habgier-Motivation diesen Zustand nicht erreicht hat. Ob es unter den Menschen jemals ein *nachhaltiges* qualitatives Wachstum (das mit der Entwicklung mentaler Fähigkeiten verbunden ist) gegeben hat, darf bezweifelt werden. Lokal und temporär hat es das bis zu einem gewissen Grade sicher gegeben: schließlich sind auf diesem Planeten schon Hochkulturen zugrunde gegangen – ein deutlicher Hinweis darauf, daß ihre Errungenschaften *verlierbar* statt nachhaltig waren.

Wenden wir uns daher dem *quantitativen Wachstum* (Vermehrung) zu. Was bedeutet die Aufforderung „Werdet so zahlreich wie die Sterne am Himmel?" Sie bedeutet natürlich „Werdet so zahlreich wie die Sterne am Himmel, *aber nicht noch zahlreicher*", denn nirgendwo steht die ebenfalls sprachlich formulierbare Aussage „Werdet *noch zahlreicher* als die Sterne am Himmel."

Der Sterne sind zwar viele, aber nicht unendlich viele. Welche Obergrenze für das zahlenmäßige Wachstum ist also gemeint? Diese Frage läßt sich am einfachsten in negativer Annäherung beantworten. Zunächst einmal heißt es nicht „... wie es Sterne am Himmel *gibt*", und sicher ist für die Antwort nicht der heutige Kontext relevant, in dem man die Anzahl der Sterne unseres Universums mit Hightech-Instrumenten und naturwissenschaftlichen Methoden abschätzen kann.

Also: wieviele Sterne konnte ein Mensch mit *bloßem Auge damals* (und wenn sich seine Sehfähigkeit nicht wesentlich verändert hat, auch noch heute) „am Himmel" *höchstens* „sehen", wobei Sehen im Sinne von Erkennen oder – präziser: Unterscheiden – zu verstehen ist.

Also: Mensch, schau' in den Himmel – wieviele Sterne kannst Du höchstens unterscheiden? Die Antwort wird durch eine Eigenschaft des menschlichen Sehsystems bestimmt, nämlich die *differentielle Winkelauflösung* des Auges: welchen Mindest-Abstand (in Grad) müssen zwei Sterne haben, damit sie noch als „zwei Sterne" unterschieden werden können und

47

nicht zu einem Stern verschmelzen, weil sie zu dicht benachbart sind? Der Wert beträgt ziemlich genau eine Bogenminute, also (1/60) Grad.

Mit dieser Information kann man ausrechnen, wieviele Sterne man mit bloßem Auge „angeheftet" an einer Himmels-Hemisphäre sehen kann – dies definiert die Obergrenze der „Mehrung". Sie ist heute um Größenordnungen überschritten.

Die Frage, wer z.B. im Alten Testament den Text „… aber nicht noch zahlreicher" gestrichen oder seine Bedeutung ausgeschlossen hat, lassen wir hier offen.

**Hinweis**: naturwissenschaftlich Interessierte und „Mathematik-Freaks" finden die Berechnung und ihr Ergebnis im Anhang („Werdet so zahlreich wie die Sterne am Himmel").

Einige Beiträge von paulNucleus im Forum von Telepolis

# Wozu gibt es Grenzen? (21.06.2018)

Das haben sich die Einzeller damals auch gefragt, als sie beschlossen, sich von der ja ach so bunten und vielfältigen Ursuppe abzugrenzen.

Zellgrenzen sind semipermeabel und haben eine vierfache Funktion:

1) das, was drinnen bleiben muss, bleibt drinnen (und definiert so etwas wie Identität);

2) das was nach draussen transportiert werden muss (z.B. Müll), muss nach draussen entsorgt werden;

3) das, was nach drinnen gelangen muss (z.B. Nährstoffe, Energie), gelangt nach drinnen;

4) das was draussen bleiben muss (z.B. Giftstoffe, zellschädigende Substanzen), bleibt draussen.

Solange das *einigermassen* klappt, bleibt der Einzeller am Leben und nimmt an der Evolution der Biosphäre teil...

Die natürliche Intelligenz eines Einzellers reicht aus, um ihn davon abzuhalten, sich der Bewegung „Zurück zur Ursuppe" anzuschließen.

# Migration und Biosphäre: eine andere Perspektive (11.12.2018)

(Dieser Beitrag diente zur „Einstimmung" auf das Manifest und wird in Teil 2 als Link 5 zitiert)

Aus gewöhnlich zuverlässiger Quelle habe ich gehört, daß die Biosphäre niemals einer grenzenlosen und unbeschränkten Migration *exklusiv für die Menschheit* zustimmen wird. Wenn schon, denn schon – dann gilt das halt für alle Spezies, denn die Biosphäre setzt sich für die *Gleichbehandlung aller Lebewesen* ein und unterstützt daher nicht den *Exzeptionalismus* einer einzigen Spezies (man könnte es auch „Rassismus de luxe" oder „Spezies-Rassismus" nennen).

Dutzende Billionen Mikroorganismen im Darm ihres menschlichen Wirtes „scharren schon mit den Hufen": sie warten sehnsüchtig auf das Startsignal der Biosphäre für den *Langen Marsch* aus den verschlungenen Niederungen ihres colonialen (Hinweis für PISA-Underperformer: *kein* Schreibfehler!) Daseins hinauf in sein Gehirn.

Da einige dieser niedlichen Symbionten nicht nur untereinander, sondern auch mit dem Gehirn ihres Wirtes kommunizieren können (und es sogar manipulieren können), werden sie in Erfahrung bringen, ob es sich bei ihrem jeweiligen Wirt um einen *Befürworter* oder einen *Gegner* der grenzenlosen Migration handelt.

Grenzen, die von *Gegnern* der Grenzenlosigkeit gezogen werden, werden auch vom Mikrobiom respektiert: Einzeller wissen schließlich den Wert ihrer eigenen *Zellgrenzen* zu schätzen – was du nicht willst, daß man dir tu', das füg' auch keinem andern zu.

Bei *Befürwortern* wissen sie, daß sie ein Glückslos gezogen haben: sie sind alle überall in der Wirts-Domäne willkommen, der Weg zum Gehirn ist frei, und ein neuronales Festmahl wartet auf sie. Großen Schaden werden sie am Ziel vermutlich nicht anrichten können, sondern nur eine Lücke füllen. Leider wird sich ihr Fehlen im Darm auf die Lebensdauer des Wirtes auswirken.

Das ist aber eher erfreulich, denn wir brauchen dringend ein paar willige Freiwillige, die sich für uns opfern, wenn die Biosphäre demnächst die Option des (quantitativen) *Wachstums* für die Menschheit aus dem Verkehr zieht und nur noch die Wahl zwischen den Optionen *Schrumpfung* oder *Aussterben* zuläßt. Für das Überleben der Menschheit zu sterben – das ist wahrer Heldenmut, und dafür sollte man diesen Menschen Orden verleihen (z.B. den Darwin-Award der Extraklasse) und ihnen ein Denkmal des Ruhmes setzen.

Natürlich dürfen auch die *Gegner* der Grenzenlosigkeit ihren Beitrag leisten: künftig sammeln alle Menschen „Bonuspunkte" für privilegiertes vorzeitiges Aussterben, wenn sie sich (wie bisher) über die Gesetze der Biosphäre hinwegsetzen, z.B. durch Umweltzerstörung / Umweltverschmutzung, Ressourcenraub, Zerstörung der Biodiversität und der Artenvielfalt auf diesem Planeten.

Es ist übrigens das *Gewohnheitsrecht* der Biosphäre, unbotmäßige Spezies-Populationen (oder Teile davon) herunterzufahren – wenn es sein muß, bis auf Null. Geschichts-Kenner wissen das: schließlich sind auf diesem Planeten schon Hochkulturen zugrunde gegangen.

**Epilog**: allen Befürwortern der Grenzenlosigkeit wünscht die Biosphäre ein fröhliches und gesegnetes ............. (diese Textlücke darf passend ergänzt werden), den übrigen Menschen ein fröhliches Schrumpfen.

**Warnung**: nicht alles, was wie Satire aussieht, ist auch Satire. Nicht alles, was nicht wie Satire aussieht, ist deshalb noch lange nicht – keine Satire. Dieser Beitrag kann Spuren von Polemik, Zynismus, Propaganda und anderer literarischer Schadstoffe enthalten.

PS: Alles Tun oder Lassen der Biosphäre ist übrigens *rechtlich* unverbindlich – es gibt kein Gericht, vor dem gegen die Biosphäre geklagt werden kann. Mich würde es allerdings nicht wundern, wenn sich demnächst ein US-Distriktgericht für zuständig erklärt.

# Der Schwachsinn der Grenzenlosigkeit
## (01.04.2020)

... (ist) sichtbar am grenzenlosen Globalisierungswahn und am grenzenlosen Wachstumswahn und Kostensparwahn.

Das Vorhandensein eines vom globalisierten Neoliberalismus installierten *schnellen weltweiten und grenzenlosen Seuchenverbreitungs-Netzwerkes* kommt natürlich auch neuen *disruptiven Geschäftsmodellen* der Biosphäre zugute, die die Evolution gelegentlich – mit oder ohne menschliche Beihilfe – aus dem Hut zaubert.

Die Biosphäre wäscht da allerdings ihre Hände in Unschuld: diese tödlichen Kerlchen sind für eine Welt der Langsamkeit und Leere geschaffen und tragen bestenfalls *endemisch* zur lokalen Ausdifferenzierung bereichernd bei.

Globale Experimente sind die alleinigen Schöpfungen jener durchgeknallten Spezies (https://youtu.be/mGEB1XANZQc), von der Einstein schon gewußt haben soll:

„Zwei Dinge sind unendlich, das Universum und die menschliche Dummheit, aber bei dem Universum bin ich mir noch nicht ganz sicher.“

Statt „unendlich" darf man auch „unbegrenzt" oder „grenzenlos" sagen.

Als Basis für die weitere Teilnahme der Spezies *homo sapiens* an der Sphäre des Lebendigen braucht es ein Bewußtsein für die eigene Abhängigkeit und Verwundbarkeit.

Das kann sich gerade – hoffentlich – (weiter) entwickeln. Die Fortsetzung der Kombination aus Quantität/Dichte (fast 8 Mrd. Menschen, Tendenz steigend), Grenzenlosigkeit und Schnelligkeit ist ein erfolgreiches Selbstmordprogramm.

Die Zauberworte zum Ausstieg aus diesem Programm sind Schrumpfung und Rückabwicklung. Sonst ist nach der Pandemie vor der nächsten Pandemie.

„Corona" ist nur ein vergleichsweise harmloser „Versuchs-ballon" - das tödlichste „Virus" auf diesem Planeten nennt sich *Corona creationis.*

# Biopolitik – Innenpolitik: Ganz entspannt bleiben … worüber die Mainstream-Medien nicht berichteten (08.01.2022)

Mehr als 200 Spezies aus dem menschlichen Mikrobiom haben vor dem zuständigen Gericht eine Klage erhoben. Da es um eine spezies-übergreifende Angelegenheit ging, fiel die Klage unmittelbar in die Zuständigkeit der Biosphäre.

Es wurde gegen die Zwangsverpflichtung geklagt, für das menschliche „Wirtstier" coloniale (kein Rechtschreibfehler!) Dienstleistungen (outgesourcte Funktionen für das menschliche Immunsystem und weitere lebenserhaltende Funktionen) weiterhin bedingungslos erbringen zu müssen, auch wenn der „humane" Wirt freiwillig bzw. vorsätzlich oder grob fahrlässig z.B. sein Immunsystem an die Wand fährt oder sein Lebenserhaltungssystem schwer beschädigt.

**Der Klage wurde stattgegeben.**

Das Erkennen eines solchen Zustands obliegt dem individuellen Mikrobiom.

Um einer Fehlinterpretation vorzubeugen: dies kommt einem Zugestehen eines *Rechtes* auf Streik oder Desertion (oder wie Sie es auch immer nennen mögen) gleich, bedeutet aber nicht zwangsläufig, daß dieses Recht ausgeübt werden muss. Sollten Sie zu den Betroffenen gehören, ist es für Ihren weiteren Verbleib in der *Sphäre des Lebendigen* sicher vorteilhaft, sich mit Ihrem Mikrobiom abzustimmen, um eine individuelle Lösung zu finden.

Das gilt aber nur, wenn Sie noch keine irreversiblen Entscheidungen getroffen oder sich etwa erdreistet haben, solche Entscheidungen für andere Menschen zu treffen – über die Darm-Hirn-Achse kriegt „Ihr" Mikrobiom das übrigens mit.

Da mag es für Sie dann nur ein schwacher Trost sein, daß die Menschheit ohnehin schrumpfen muss. Die aktuelle offizielle Rate liegt bei 60% bis 2060 – sie wird aber eventuell durch den nächsten in 2022 veröffentlichten *Living Planet Index* des WWF nachgebessert, der dann auch für *homo sapiens* als Wirbeltier-Spezies verbindlich ist.

Alternativ steht es Ihnen frei, sich einen technischen Ersatz für „Ihr" Mikrobiom zu beschaffen. Der Alleskönner „Markt" wird den ganz sicher irgendwann bereitstellen – geschätzt so in frühestens etwa 100 Jahren? Aber vielleicht hilft fürs Gröbste bis dahin ein „All inclusive"-Abonnement bei der Pharmaindustrie? Einige Propagandisten einer Fake-Parallelwelt sollten sich schon mal auf die Kündigung ihrer Mitgliedschaft in der dazu inkompatiblen *Sphäre des Lebendigen* vorbereiten.

Disclaimer: Selbstverständlich dürfen Sie diese Information als *Science fiction* oder als Verschwörungstheorie einstufen: für Siri und Alexa ist der Kommunikator aus „Raumschiff Enterprise" ja auch Science fiction…

# Ergänzende Texte

# Als Einstimmung – Lernen aus Erfahrung

## Trotz fehlender Bewachung keine Fluchtversuche

Eine kleine Analogie aus dem Nachgang zum Koreakrieg – ein frühes Stockholm-Syndrom?

Immer wieder kam es nach dem Koreakrieg aus den Kriegsgefangenenlagern der Chinesen für die gefangenen Alliierten zu Fluchtversuchen. Weder höhere Zäune noch stärkere Bewachung halfen da weiter.

Aber die Chinesen waren clever: sie *beobachteten* ihre Gefangenen.

Und dann teilten sie sie in zwei Gruppen auf: für die erste Gruppe von ca. 5% der Gefangenen wurde die Bewachung verdreifacht, die restliche zweite Gruppe wurde überhaupt nicht mehr bewacht - 85% Ersparnis bei den Wachmannschaften!

Von der zweiten Gruppe hat nie jemand einen Fluchtversuch unternommen. Aus der ersten Gruppe gab es weiterhin Fluchtversuche, die aber sehr viel weniger erfolgreich blieben.

Und nun die zukunftsentscheidende Frage: mit wieviel Prozent könnten wir heute rechnen?

# Das Licht der Erkenntnis

Wie sagte schon Oliver Wendell Holmes, Jr. (zitiert nach Doris Lessing: *Prisons we choose to live inside*):

"The mind of a bigot is like the pupil of the eye:
the more light you pour upon it, the more it contracts."

Nicht jeder ist dem Licht der Erkenntnis gewachsen. Wenn es zu sehr blendet, bevorzugt man die selektiven „Schleier der Dunkelheit", propagiert von selbsternannten FaktenERfindern.

# Schlechte Ratgeber

Das KUO-Dreigestirn Kadavergehorsam, Untertanengeist, Obrigkeitshörigkeit ist nun einmal immer noch ein schlechter, aber weitverbreiteter Ratgeber, wie man auch in diesem Forum sehen kann. Das hat nicht zuletzt auch die Literatur-Nobelpreisträgerin Doris Lessing festgestellt in ihrem Buch *Prisons we choose to live inside*, und dazu aufgefordert, mit dem eigenen Gehirn zu denken und keinen „Verschwörungstheorien" anzugehören, die auf KUO aufbauen.

KUO beschreibt auch die Schwachstelle des mentalen Immunsystems, an die z.B. das *Virus der Deutungshoheit* regelmäßig erfolgreich andockt.

# Ein realistischer Blick auf die Zukunft

Die Regierungen vieler Länder gehen völlig zu Recht davon aus, daß von einer Herde tranquillisierter und traumatisierter Untertanen kein Widerstand zu erwarten ist. Leider setzt aber der „Betrieb moderner Gesellschaften" inzwischen eine genügend große Zahl hinreichend intelligenter Menschen voraus, die zudem den Sinn und Zweck ihres Daseins nicht unbedingt darin sehen, Milliardäre, Multi-Milliardäre und Neu-Milliardäre zu mästen. Daran könnte „es" scheitern.

Alternativ dürfen Sie nicht erwarten, daß die Biosphäre aktuell zugunsten einer übergriffigen, (gegenüber anderen Spezies) distanzgeminderten und durchgeknallten Killerspezies interveniert. Der Erhalt der Artenvielfalt wäre zwar ein Interventionsgrund, aber der greift erst, wenn weltweit eine siebenstellige Populationsstärke bei *homo sapiens* unterschritten wird.

Da haben andere Spezies Vorrang.

# Apokalypse

In der zeitgenössischen theologisch-juristischen Parallelwelt herrscht die Meinung vor, man müsse nur seine Folterwerkzeuge vorzeigen und den Teufel an die Wand malen, um etwas zu erreichen, und es herrscht der Berechenbarkeits- und der Machbarkeitswahn als Glaubensdogma. Inquisition, Hexenverbrennung und Kreuzzüge bleiben zutiefst mittelalterliche Ideen, selbst wenn man sie mit modernen Euphemismen und – jetzt neu – in digitaler Form propagiert. Die Voraussetzungen für die Mitgliedschaft in der Sphäre des Lebendigen erfüllt man damit in keinster Weise.

Daher gilt die frohe Botschaft: freuet Euch und frohlocket – bald schon werden die Karteileichen aus der Datenbank der Biosphäre entfernt, und die molekulare Wiedervereinigung mit der grenzenlosen Ursuppe ist nah (das steht ja ähnlich auch schon in der „Apokalypse des Johannes", bloß in anderer Terminologie).

Ist dieser „literarische Erguss" schon als „entartete Kunst" einzustufen?

# Biopolitik – Außenpolitik: die andere Seite der Nahrungskette

Abstract: Bei der Biosphäre sind die nachfolgend beschriebenen Qualitätsanforderungen an das erntefähige Produkt seitens menschenfressender Aliens als Interessenten eingegangen.

(Abschweifung: Ob es Aliens überhaupt gibt, das ist keine gesicherte Erkenntnis. Gleichwohl wissen wir aber natürlich ganz sicher, daß es keine *menschenfressenden* Aliens gibt?)

1. Planetarische Ressourcen sind auf dem Planeten Erde bekanntlich zur Ausbeutung freigegeben. Was eine Ressource ist, unterliegt der Definitionshoheit potentieller Nutzer. Im Übrigen steht dies im Einklang mit der bisher auf diesem Planeten erfolgreich geübten Praxis, daß der größte Raffgeier das Recht auf Ressourcen-Plünderung erwirbt. Dies gilt natürlich auch für „Ortsfremde", die an der üppig sprießenden Ressource Menschenfleisch (pardon: Mensch*innenfleisch) interessiert sind.

2. Massentierhaltung optimiert das *harvesting* – bitte unbedingt die Anzahl der Mega-Cities erhöhen und weiter verdichten.

3. Um die Verwechselbarkeit mit anderen Fleischarten zu minimieren, sollte bei der Herstellung des Produkts in erster Linie auf Vereinheitlichung geachtet werden, damit ein einheitlicher *charakteristischer Eigengeschmack* vermarktet werden kann. Ein geringes Kontingent *sortenreinen* Fleisches wird von einigen wenigen Feinschmeckern geschätzt.

4. In einem Intergalaktischen Freihandelsabkommen werden Lieferquoten bindend festgeschrieben, deren Unterschreitung sanktioniert wird.

5. Die Einführung eines „Menschenrechtes" auf besonders wohlschmeckendes Fleisch wird empfohlen. Ebenso werden zur Erreichung dieses Zieles genetische Veränderungen empfohlen. Eine Tarnung dieser Maßnahmen z.b. als Seuchenbekämpfung ist kontraproduktiv und wird daher nicht empfohlen, da die psychischen Nebenwirkungen sich negativ auf die Qualität des Produktes auswirken.

Epilog: Vertraglich vereinbart wurden jährliche länderspezifische Kontingente in Höhe von 3% über dem durchschnittlichen jährlichen Wachstum der Bevölkerung des jeweiligen Landes in den letzten 10 Jahren.

Vertragsbeginn: ab sofort bzw. nach Verfügbarkeit der *harvester* auf der Erde.

# Das Leben erhält das Leben

Ich glaube nicht, daß die Schande des (vorübergehenden) Überlebens auf einem toten Planeten dadurch erträglicher wird, daß man das Krebswachstum nun $CO_2$-neutral fortsetzt.

Oder etwas sanfter – von Charles Eisenstein (in seinem Buch: Klima – eine neue Perspektive) in einem Schlüsselsatz formuliert, den er immer wieder variiert:

„Die größte Bedrohung für das Leben auf der Erde sind nicht die Emissionen der fossilen Brennstoffe, sondern der Verlust von Wäldern, Boden, Feuchtgebieten und marinen Ökosystemen. *Das Leben erhält das Leben*. Wenn diese Beziehungen zusammenbrechen, sind die Ergebnisse unvorhersehbar ... dies ist eine Bedrohung, der wir ausgesetzt sind, und da sie von vielen Faktoren abhängt, die noch dazu nicht-linear sind, kann sie nicht durch einfache Reduzierung der $CO_2$-Emissionen überwunden werden."

# Die Sprache der Risikoanalyse

Sie wirkt geradezu brutal gegenüber den Euphemismen jener, die vorgeben, „Menschenleben retten" zu wollen. Noch nie – von einigen biblischen Ereignissen mal abgesehen, bei denen der Zweifel erlaubt ist – sind auf diesem Planeten im strengen Sinne „Menschenleben gerettet" worden. Menschen sind nicht unsterblich, und es ging und geht immer nur um die Vermeidung eines *vorzeitigen* Ablebens relativ zu einer *erwarteten* Lebensdauer.

Todesursachen sind übrigens immer *kompetitiv*: die „Schnellste" gewinnt. Selbst wenn es gelingt, die schnellste Ursache aus dem Verkehr zu ziehen, dann gewinnt halt die bisher „Zweitschnellste", außer wenn bei den Maßnahmen zum Eliminieren keine neuen noch schnelleren Ursachen hinzugefügt oder bei den alten Ursachen hinsichtlich ihrer Schnelligkeit Veränderungen stattfinden. Z.B. kann es mit multiresistenten Keimen durchaus auch mal schneller gehen als „erwartet".

Disclaimer: dieser Beitrag enthält keine tröstenden Worte und beruhigenden Aussichten.

# Selbstbeschreibung

Sie schätzen mich vermutlich völlig falsch ein: „Ich" bin ein *Holobiont* (Metaorganismus, mobiles Ökosystem) mit einem Exemplar der Spezies *homo sapiens* als Wirt, auch wenn ich typischerweise auf meinen Wirt reduziert werde. Vielleicht sollten Sie Ihr Menschenbild mal auf das 21. Jahrhundert aktualisieren. Aus der Perspektive des Wirtes ist das Mikrobiom übrigens bloß ein funktionelles Outsourcing, eine uralte und weitverbreitete Erfindung der Evolution. Ein Mensch ohne Mikrobiom ist ebensowenig lebensfähig wie ein Mikrobiom ohne Wirt: beide sind aufeinander angewiesen.

Das Mikrobiom hat aufgrund der kurzen bakteriellen Reproduktionszyklen geradezu eine Turbo-Evolution im Kontext seines Wirtes hinter sich. In Summe ist das Genom aller Spezies des menschlichen Mikrobioms um mehr als zwei Größenordnungen größer als das menschliche Genom, d.h. es gibt genügend genetischen Speicherplatz, um das menschliche Genom vollständig „portionsweise" in den Genomen der Mikroben abzuspeichern, zusammen mit der Anleitung zum Zusammenbau sowie mit weiteren Informationen über Fehler und Schwachstellen, die man bei der (Re-) Konstruktion eines optimalen Wirtes vermeiden sollte.

Übrigens: im Gegensatz zu künstlichen Neuronen beherrschen natürliche Neuronen die Kommunikation mit Bakterien.

# Holobionten und Antibionten

Für eine übergriffige, distanzgeminderte und durchgeknallte Killerspezies (was das Zusammenleben mit anderen Spezies betrifft), die inzwischen am Rande der Sphäre des Lebendigen dahinvegetiert, aber sich aus dieser selbstverschuldeten Misere durch „Menschenbilder" aus der Mottenkiste des *anthropischen Exzeptionalismus* herauslügt, hält sich mein Verständnis in Grenzen.

Vielleicht sollte man einfach nochmal ganz klein und von vorn anfangen und sich selbst als *Holobiont* mit einem Exemplar der Spezies *homo sapiens* als „Wirtstier" erkennen, der mit „seinem" Mikrobiom (und dessen Virobiom) erfolgreich kooperieren muß, weil er ohne diese Dutzende Billionen Helferlein weder leben noch überleben kann. Nur dank dieser alternativlosen Kooperation kann er sich den Luxus des Egoismus gegenüber seinen „Mitmenschen" leisten: in einer Parallelwelt, in der er glaubt, sich von der Natur emanzipiert zu haben.

# Der anthropische Exzeptionalist

Er ist immer auch ein anthropischer *Separatist*. Er hat sich von der Sphäre des Lebendigen abgesondert, die er als Menge von manipulierbaren Objekten betrachtet, die seiner Herrschaft und Kontrolle unterworfen sind. Das Spektrum reicht da von Ausbeutung bis hin zu sentimentaler Verklärung („so ein süßes Kätzchen"). Während sein eigenes Genom sich erdreistet hat, ohne Zuhilfenahme menschlicher Intelligenz zu rund 10% aus ausgewählten Viren-Schnipseln zu bestehen, glaubt er immer noch, er – als Wirt seines Mikrobioms – könne ohne dieses überleben. OK – sein (ihm geliehenes) Mikrobiom kann auch nicht ohne einen Wirt überleben, aber der muß kein *homo sapiens* sein, zumindest kein Angehöriger des kriegerischen Teils: jener Killerspezies, die sich selbst als *corona creationis* bezeichnet. Selbstverständlich gibt es auch noch *spezies-interne* Kriege zwischen den „Guten" und den „Bösen": der Böse ist immer der Andere, den man mit Kriegsnarrativen, Kriegsmetaphern und Kriegsstrategien bekämpfen muß.

# Das Schlimmste

Das Schlimmste, was jedem halbwegs intelligenten Menschen passieren kann, ist doch: von einem Versager oder einem „Andersintelligenten" gelobt zu werden – zum Zwecke der Manipulation.

Es braucht harte Arbeit *an sich selbst*, um zu dieser Haltung der „Belohnungs-Verweigerung" zu gelangen, sozusagen eine „mentale Umprogrammierung".

Der *Nucleus accumbens* spielt eine zentrale Rolle im mesolimbischen System, dem „Belohnungssystem" des Gehirns, sowie bei der Entstehung von Sucht. Das mesolimbische System fördert durch Glücksgefühle das Verstärken bestimmter Verhaltensmuster, die mit Belohnung in Verbindung stehen. (aus Wikipedia)

Der milde Tadel eines weisen Mannes (Hinweis: dieser Prototyp muß nicht zwingend alt, weiß oder männlich sein) wirkt dagegen erfrischend und fördert die Entwicklung.

# Schnipsel

Was bleibt Viren, die ihre angestammten Wirte im 6. Massensterben verloren haben oder gerade verlieren, denn anders übrig, als zur „siegreichen Spezies" zu migrieren...

Es gibt immer noch zu viele Menschen, die dem Irrglauben anhängen, die Biosphäre hätte keine Nutzungsbedingungen.

Die Biosphäre hat keine Spendengala veranstaltet, um Gelder für die Entwicklung eines „Impfstoffes" gegen *corona creationis* einzusammeln. Diesen Impfstoff gibt es bereits – und er wird auch schon appliziert, ist aber derzeit noch nicht vollständig aktiviert.

Moderne Räuber schwören ihre Opfer auf die Rechtmäßigkeit ihres Tuns ein.

Die Spezies *homo sapiens* hat im Rahmen der Artenvielfalt zwar ihre Daseinsberechtigung, aber nicht in der aktuellen Populationsstärke und nicht als Zerstörer der Artenvielfalt ihrer Mitgeschöpfe.

Nach der „marktkonformen" Demokratie und der „kriegstüchtigen" Demokratie gibt es vielleicht demnächst mal die überlebenskonforme Demokratie?

Wird eigentlich die *Schande des Überlebens* auf einem toten Planeten erträglicher, wenn der tote Planet vorher $CO_2$-neutral gestellt wird, indem man den bisherigen Krebswachstums-Wahn jetzt in „grün" angestrichener Version fortsetzt und bis auf die Reduktion der $CO_2$-Freisetzung alles andere ignoriert?

# Natürliche Intelligenz und künstliche Idiotie

Bis zum Jahre 2060 um 60% zu schrumpfen:

Inzwischen hat sich herausgestellt, daß auch in Deutschland und EU-Europa dieses Ziel bereits heute prinzipiell erreichbar ist. Viele Menschen haben „freiwillig" ihren Status in der Mitglieder-Datenbank der Sphäre des Lebendigen von „passives Mitglied" (aktive Mitglieder gibt es kaum) auf „Karteileiche" geändert, so daß nun „Schrumpfen mit Fairness-Komponente" möglich wird statt eines Prozesses mit hohem Anteil an „unfairen" Zufalls-Elementen wie in der bisherigen Evolution.

Wann die Biosphäre ihre Datenbankbereinigung im Ganzen oder in Teilen durchführt, entzieht sich allerdings meiner Kenntnis – ich bin nur der Nachrichten-Überbringer. Aber ich vermute mal – spätestens bis zur *deadline* in 2060.

Eine „Kultur", deren hauptsächliche Beschäftigung darin besteht, sich in der eigenen ideologischen Blase zu suhlen und Krieg gegen die Natur zu führen (teilweise auch gegen Artgenossen, um sie zur eigenen bevorzugten Art der Weltzerstörung zu „bekehren"), hat ohnehin keine Überlebenschance. Viele Menschen haben sich für eine lebensfeindliche künstliche Parallelwelt entschieden, die Beziehung sowohl zur externen als auch zu ihrer eigenen internen Artenvielfalt aufgekündigt und sich damit radikal für die „Freiheit" entschieden – für die Freiheit von der Sphäre des Lebendigen.

Aber wie wird der „Mensch der Zukunft" aussehen? Diese Frage kann man nur „negativ" beantworten: wer sich durch

Kadavergehorsam, Untertanengeist, Obrigkeitshörigkeit auszeichnet, sich durch Propaganda fernsteuern lässt oder aktiv an Inquisition, Ketzerverbrennung und Kreuzzügen teilnimmt, der gehört nicht dazu – er ist für die Evolution entbehrlich und hat in der Sphäre des Lebendigen keine Zukunft.

Aber vielleicht anderswo – dann aber nur, wenn er für seine Parallelwelt einen neuen „Provider" findet, der die Flüchtlinge aus der Biosphäre willkommen heißt.

# Anhang

Der folgende Text ist die deutsche Übersetzung eines englischen Original-Artikels, die freundlicherweise von meinem Kollegen Dr. Peter Dörre zur Verfügung gestellt wurde.
Der Original-Artikel lässt sich als Preprint bei Researchgate herunterladen:

Become as numerous as the stars on heaven,
https://dx.doi.org/10.13140/RG.2.2.15968.94725

# Werdet so zahlreich wie die Sterne am Himmel

oder

## Wieviele Sterne kann man mit bloßem Auge höchstens am Himmel sehen?

Ein Beitrag zur Numerischen Theologie von Peter Dörre

Die Aufforderung „Wachset und mehret Euch", die im Alten Testament erhoben wird, verleitet auch heutzutage noch viele Menschen zu der falschen Interpretation einer *unbeschränkten Vermehrung*. (Ob der Mensch in den letzten beiden Jahrtausenden der Aufforderung zum *Wachstum* – damit ist dann wohl doch etwas *anderes* gemeint als die rein zahlenmäßige Vermehrung – in angemessenem Umfang nachgekommen ist, sei an dieser Stelle dahingestellt.)

Unter der Annahme, daß die Natur nicht in einzelne isolierte Qualitäten zerfällt, sondern eine zusammenhängende und strukturierte Ganzheit ist, erhält die häufig für das zahlenmäßige Wachstum verwendete Metapher „so zahlreich wie die Sterne am Himmel" einen neuen Sinn: es läßt sich ein Zusammenhang konstruieren zwischen der maximalen Anzahl der mit bloßem Auge sichtbaren Sterne und den Eigenschaften des menschlichen Sehvermögens zur Zeit des Alten Testamentes, wobei hier das *räumliche Auflösungsvermögen* (angular resolution) des menschlichen Auges die relevante, weil begrenzende Rolle spielen soll. Wir interessieren uns also weder für die Gesamtzahl der Sterne im Universum noch für die tatsächlich aufgrund ihrer Helligkeit wahrnehmbaren Sterne (ca. 6000).

Unter den weiteren Annahmen, daß sich dieses Auflösungsvermögen seit damals nicht verschlechtert hat – aus jenen Tagen sind uns leider keine Informationen überliefert – und die Erfolge unserer heutigen optischen Meßtechnik in den biblischen Metaphern mitnichten vorweggenommen werden, entnehmen wir aus der Standardliteratur (siehe z.B. Wolf W. Keidel (Hrsg.), Kurzgefaßtes Lehrbuch der Physiologie, Georg Thieme Verlag, Stuttgart 1967, S. 409) den Wert $0,0172° \simeq 1'$ (eine Bogenminute ist exakt $0,0167° = (1/60)°$) für den kleinsten (Winkel-) Abstand zweier Objekte, die unter günstigsten Beleuchtungsbedingungen als *zwei* Objekte unterscheidbar sind. Bei einem geringeren Abstand wird nur *ein* einziges, aber helleres bzw. größeres Objekt gesehen.

Es liegt daher nahe, die „Himmelskugel" (präziser: ihre von innen beobachtete Oberfläche) mit einem *Gitternetz* zu überdecken, dessen *Maschenweite* rund eine Bogenminute beträgt. Das engste Gitternetz besteht aus gleichseitigen Dreiecken (siehe Skizze).

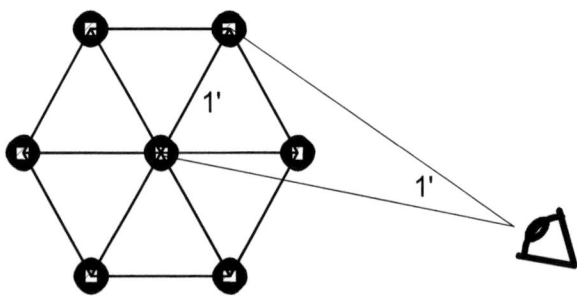

An jedem Gitterpunkt kann dann ein Stern angebracht werden. Je zwei benachbarte Sterne haben stets den Mindestabstand. Jeder Stern gehört 6 Dreiecken an, und jedes Dreieck hat 3 Sterne an den Ecken. Alternativ kann man die Sterne durch Verschiebung den Dreiecks-Schwerpunkten zuordnen: jedes zweite Dreieck geht dann leer aus, was zeigt, daß pro Dreiecksfläche genau ½ Stern zu zählen ist.

Mit dieser Modellvorstellung reduziert sich das Problem auf die Frage, wieviele Dreiecke auf die Kugeloberfläche passen. Die Anzahl wird abgeschätzt, indem wir die gesamte Kugeloberfläche durch die Fläche *eines* Dreiecks mit ca. einer Bogenminute „Seitenlänge" teilen, wobei alle „Längen" im Bogenmaß angegeben werden.

Bezeichnen wir die Seitenlänge des Dreiecks mit $x$, so gilt die Umrechnungsformel

$$\frac{x}{2\pi} = \frac{0,0172°}{360°} \quad \text{bzw.} \quad x = 3,002 \times 10^{-4}.$$

Die Dreiecksfläche (Grundseite × Höhe × ½ ) ist

$$A_\Delta = \tfrac{1}{2} x \left( \tfrac{x}{2} \sqrt{3} \right).$$

Auf die Kugeloberfläche $4\pi$ (im Bogenmaß) passen dann $n$ Dreiecke, d.h.

$$n\left( \tfrac{1}{4} x^2 \sqrt{3} \right) = 4\pi \quad \text{bzw.} \quad n = \frac{16\pi}{\sqrt{3}\, x^2}$$

Damit erhalten wir als maximale Anzahl *N* der mit bloßem Auge unterscheidbaren Sterne auf der gesamten Kugelfläche (pro Dreieck ½ Stern!)

$$N = \frac{8\pi}{\sqrt{3}\,x^2} = 1,6102 \times 10^8 \simeq 161\,\text{Millionen}$$

Von einem bestimmten Punkt auf der Erde sind also höchstens rund 80 Millionen Sterne an der Himmels*halb*kugel erkennbar (im Sinne von unterscheidbar). Damit ergibt sich abschließend die Frage: Welche Bedeutung hat diese Zahl für die Anzahl der Menschen auf diesem Planeten?

# Nachwort

In 2024 jährt sich zum 75. Mal das Erscheinungsjahr des dystopischen Romans „1984" von George Orwell (Pseudonym von Eric Blair). In diesem Roman wird in mathematisch präziser Form eine Diktatur definiert: nämlich anhand ihrer Eigenschaften. Es sind dies im Wesentlichen drei Kern-Eigenschaften:

- totale Narrativ-Gleichschaltung: *Big Brother* hat immer recht. Alles andere ist Lüge und Desinformation.
- permanente Geschichtsklitterung bis hin zur Geschichtsfälschung.
- exzessiver Gebrauch von Blähworten aus der Mottenkiste der Volksverdummung. Sie kennen sie alle – ich erspare es mir, diese Worte im Einzelnen aufzulisten.

Zu den weiteren Spezialitäten gehören

- *doublethink*, speziell die Doppelmoral,
- die Hass-Kampagnen,
- *newspeak* und seine Prinzipien.

Meine US-Taschenbuchausgabe von Signet Classics (Reprint 1964) enthält ein Nachwort von Erich Fromm (© 1961), das meines Erachtens in 2024 noch hochaktuell ist und sich mit dem literarischen (positive und negative Utopien) und dem politischen Kontext des Werkes auseinandersetzt: so war z.B. *doublethink* schon damals (1961) in Gebrauch.

Ob die Menschheit aktuell den Zeitraum des Schrumpfens bis 2060 dazu nutzt, um ihre internen Probleme zu lösen – daran habe ich ernsthafte Zweifel. Es sieht auf den ersten Blick eher danach aus, als ob „1984" aktuell statt als Warnung primär als Handlungs-Anleitung verstanden wird – aber vielleicht unterliege ich da einer Wahrnehmungs-Verzerrung.

Abschließende Frage. Wie hoch schätzen Sie die Lebenserwartung einer Zivilisation ein, die sich zu 100% von Mikroelektronik und Digitalisierung abhängig gemacht hat?

Kleiner Tipp: *Miyake*-Ereignisse (siehe Teil 3, Link 3). Die Konsequenzen und Kollateralschäden ungelöster interner Probleme bleiben natürlich auch noch im Rennen und können den Zeitraum drastisch verkürzen.

Die Zukunft ist offen.

Baraka bashad,
Paul Nucleus